Finance islamique : efficacité pratique et éthique

Finances publiques/Public finance

Les finances publiques connaissent un développement important et se diversifient. Cette discipline couvre notamment les finances de l'État, le droit public financier, le droit fiscal, les finances communautaires, les finances locales, les finances sociales, les finances internationales et comparées, les procédures fiscales ainsi que le droit douanier. Ces questions peuvent être envisagées dans un cadre national, communautaire ou mondial.

La présente collection a pour vocation de publier des travaux originaux (thèses, essais, colloques...) ou de facture plus classique (manuels, commentaires de textes, recueils de documents...).

Elle a aussi pour ambition de rééditer des ouvrages aujourd'hui introuvables, mais fort utiles, dès lors qu'ils s'imposent comme référence et qu'ils sont agrémentés d'une préface substantielle.

Public finance steadily developing and diversifying. This discipline more particulary covers state finance, public finance law, tax law, EU finance, local finance, social finance, international and comparative finance, tax procedures and customs law. Those questions can be considered within a national community or global framework.

The aim of this collection is to publish original works (theses, essays, symposiums...) or more traditional ones (textbooks text analyses, collections of documents ...).

In addition, it is meant to re-publish books which are currently untraceable no matter how useful provided they stand as genuine references and contain substantial prefaces.

Dernières parutions

Mounir AOMARI, *La bonne gouvernance des finances publiques au Maroc*
à la lumière de la loi organique relative à la loi de finances, 2025.
Alexandre NICOLIER, *Le risque professionnel et le droit fiscal*, 2024.
Jean GIARD, *Le système fiscal international : une construction conceptuelle et pragmatique*, 2024.

Oumarou Sanda Awal

Finance islamique : efficacité pratique et éthique

Études de cas chiffrés et perspectives comparatives

L'Harmattan

5-7, rue de l'École polytechnique, 75005 Paris

www.editions-harmattan.fr

ISBN : 978-2-336-52329-3
EAN : 9782336523293

1. Préface

Ce livre est l'aboutissement d'un parcours mêlant excellence académique et expérience pratique dans le domaine de la finance. Diplômé avec Mention Très Bien d’un double Master 2 obtenu dans deux des plus prestigieuses écoles de commerce en Allemagne et en France, et lauréat de la bourse d’excellence de la Fondation Friedrich-Naumann, j’ai toujours été animé par une quête d’expertise et d’innovation.

Fort de plus de 15 ans d’expérience en tant que consultant et manager pour des multinationales telles que Renault Sport F1, Air Liquide, L’Oréal ou Lazard Banque, j’ai eu le privilège de contribuer à des projets stratégiques alliant finance et transformation digitale. Ces expériences ont enrichi ma compréhension des enjeux économiques mondiaux et des défis auxquels les systèmes financiers sont confrontés.

Ce livre sur la finance islamique ne se limite pas à une exploration théorique. Il offre une perspective comparative, concrète et chiffrée des deux grands modèles financiers mondiaux : la finance conventionnelle et la finance islamique. À travers des exemples réels et des analyses accessibles, il démontre comment la finance islamique, avec ses principes éthiques et durables, peut proposer des alternatives viables face aux défis contemporains.

Mon ambition est de rendre cette discipline accessible à tous, qu'il s'agisse de professionnels, d'étudiants ou de simples curieux, et d'ouvrir un dialogue sur les solutions qu'elle peut offrir à l'économie mondiale.

2. Introduction

Le monde de la finance traverse une période de bouleversements majeurs, où les modèles conventionnels, longtemps considérés comme inébranlables, sont de plus en plus remis en question. Dans ce contexte, la finance islamique apparaît comme une alternative pertinente et nécessaire, offrant des solutions éthiques et durables aux défis financiers mondiaux. Ce livre se veut une exploration approfondie de ce modèle, en le comparant aux systèmes traditionnels, tout en soulignant sa pertinence pour les entreprises modernes.

Mon parcours académique et professionnel m'a permis de développer une vision unique sur ces questions. Diplômé en finance avec Mention Bien et titulaire d'un double Master 2 en finance avec Mention Très Bien, obtenu dans deux des plus prestigieuses écoles de commerce en Allemagne et en France, j'ai eu l'opportunité d'explorer les subtilités des systèmes financiers internationaux. J'ai également été honoré de recevoir la bourse d'excellence de la fondation Friedrich-Naumann, une distinction réservée à une élite académique et sociale, après des processus de sélection rigoureux. Cette reconnaissance n'a pas seulement validé mes compétences, mais a aussi renforcé ma détermination à œuvrer pour une finance plus accessible, inclusive et éthique.

Avec plus de 15 ans d'expérience en tant que consultant et manager, j'ai collaboré avec des multinationales de renom comme Renault Sport F1, Air Liquide, Lazard Banque, L'Oréal, intervenant sur des projets de transformation digitale et de conseil stratégique. Ces expériences m'ont permis d'acquérir une compréhension fine des enjeux financiers à grande échelle, et d'observer de près les limites du système conventionnel. Mes certifications en finance et en informatique de gestion (SAP Finance & Contrôle de Gestion) m'ont par ailleurs permis de lier finance et technologie, deux domaines devenus indissociables dans le monde moderne.

À travers cet ouvrage, je cherche à démontrer que la finance islamique, loin d'être une simple alternative, est un modèle capable de rivaliser avec les systèmes traditionnels en termes de performance, tout en offrant une dimension éthique souvent absente de la finance conventionnelle. Ce livre présente des études de cas concrètes et des analyses chiffrées, permettant de comparer de manière rigoureuse les deux systèmes. Les avis d'érudits et d'experts dans le domaine viennent enrichir cette approche, offrant des perspectives diversifiées et éclairées.

Mon ambition est simple : rendre la finance islamique compréhensible et accessible à tous, tout en contribuant à un débat plus large sur l'éthique et la durabilité dans le secteur financier. En lisant ce livre, j'espère que vous découvrirez non seulement une alternative viable, mais aussi une vision pour un avenir économique plus juste et équitable.

3. Définition de la finance islamique

3.1 Concept de finance islamique

La finance islamique se réfère à un système financier qui respecte les principes de la charia, la loi islamique. Elle ne se limite pas à un ensemble de produits financiers, mais englobe un ensemble de règles éthiques et morales qui régissent les transactions économiques. Et ne dévorez pas vos biens entre vous par des moyens illicites, ni ne les offrez aux juges, afin de dévorer une partie des biens des gens avec péché, alors que vous savez.[1]

L'objectif principal de la finance islamique est de promouvoir la justice sociale, l'équité et le bien-être économique tout en évitant les pratiques jugées illicites (haram). La finance islamique offre une alternative à la finance conventionnelle.[2]

3.2 Principes fondamentaux

3.2.1 Interdiction de l'intérêt (Riba)

Définition : Le Riba se réfère à tout gain obtenu par le biais d'un prêt, sans contrepartie productive. C'est une pratique prohibée dans la finance islamique, car elle est

---

[1] Cf. Sourate Al-Baqarah (2:188).

[2] Cf. Hans Visser, *Islamic Finance : Principles and Practice* (2009, page 10).

considérée comme exploitante, comme l'indique Visser, l'interdiction du riba est fondamentale pour la finance islamique, car elle vise à promouvoir des transactions justes et équitables, éloignant les pratiques d'exploitation.[3]

Implication : Les institutions financières islamiques ne peuvent pas prêter de l'argent en échange d'intérêts. Au lieu de cela, elles doivent se concentrer sur le partage des risques et des profits.

3.2.2 Partage des profits et des pertes

Concept : La finance islamique repose sur des partenariats équitables où les investisseurs et les entrepreneurs partagent à la fois les risques et les bénéfices. Cela se traduit par des contrats comme Mudarabah (partenariat) et Musharakah (association).

Impact : Ce modèle incite les parties à être plus vigilantes et responsables dans la gestion des ressources.

3.2.3 Investissement dans des actifs tangibles

Exigence : Les transactions financières doivent être adossées à des actifs réels et ne doivent pas être spéculatives. Cela évite les pratiques de trading sur des instruments financiers risqués.

---

[3] Cf. Hans Visser, *Islamic Finance : Principles and Practice* (2009, page XIV).

Raison : Cela garantit que l'argent est investi dans des projets qui ont un impact réel sur l'économie et la société.

3.2.4 Éthique et responsabilité sociale

Valeurs : La finance islamique promeut des pratiques commerciales éthiques, alignées avec les valeurs islamiques. Elle interdit les investissements dans des secteurs tels que l'alcool, le tabac, le jeu de hasard et d'autres activités jugées nuisibles à la société.

Étant une finance éthique et responsable, elle interdit de financer toutes les activités et tous les produits qui sont contraires à la morale. De ce fait, investir dans des activités directement ou indirectement associées aux produits addictifs est contraire à la chariaa, est prohibé.[4]

Objectif : L'objectif est de favoriser un développement durable et responsable, tant sur le plan économique que social.

3.3 Différences avec la finance conventionnelle

3.3.1 Approche du risque

Finance islamique : Le risque doit être partagé entre les parties impliquées, encourageant ainsi une gestion prudente.

---

[4] Cf. Wadi Mzid, *La finance islamique : principes fondamentaux et apports potentiels dans le financement de la croissance et du développement*, Economic Agenda of Islamic actors (2011, page 56).

Finance conventionnelle : Le risque est souvent transféré à l'emprunteur, ce qui peut entraîner des situations d'endettement excessif.

3.3.2 Nature des produits financiers

Finance islamique : Les produits doivent être conformes à la charia et axés sur des transactions réelles, ce qui limite certaines formes de produits financiers comme les options et les futures. La monnaie, intermédiaire de change, n'ayant pas de valeur en soi, elle ne sert qu'à favoriser l'activité économique dans ce contexte. Ainsi, en économie islamique, un contrat doit porter sur un objet réel, qualité que doit revêtir le sous-jacent de toute opération financière.[5]

Finance conventionnelle : La gamme de produits est plus large et inclut des instruments dérivés qui peuvent ne pas avoir de lien avec des actifs réels.

3.3.3 Rôle de la charia

Finance islamique : Les décisions financières sont prises en tenant compte des principes islamiques, souvent avec l'avis d'un conseil de charia. La finance islamique « est une industrie basée sur l'interdiction », mais « les juristes et les théoriciens du droit musulmans ont soutenu que Dieu n'interdit jamais rien de bon ».[6]

---

[5] Cf. François Gueranger, *Finance Islamique : Une Illustration de la Finance Éthique* (2009, page 72).

[6] Cf. Mahmoud El-Gamal, *Islamic Finance* (2006, page 40).

Finance conventionnelle : Les décisions sont généralement guidées par des objectifs de maximisation du profit, sans nécessairement tenir compte des considérations éthiques.

3.4 Importance de la finance islamique

3.4.1 Inclusion financière

La finance islamique joue un rôle clé dans l'inclusion des populations non bancarisées, en offrant des produits adaptés à leurs besoins tout en respectant leurs croyances religieuses.

3.4.2 Développement économique

En soutenant des projets de développement et en finançant des PME, la finance islamique contribue à la croissance économique dans les pays en développement.

3.4.3 Stabilité financière

En évitant l'endettement excessif et en se concentrant sur des investissements réels, la finance islamique peut contribuer à une plus grande stabilité financière globale.

3.4.4 Responsabilité sociale

La finance islamique met l'accent sur des pratiques commerciales éthiques, ce qui peut améliorer la perception des entreprises et renforcer la confiance des consommateurs. La responsabilité sociale se manifeste entre autres par l'interdiction du riba dans l'économie, ce qui est considéré comme une forme d'exploitation sociale et économique qui viole l'enseignement fondamental de l'Islam sur la justice sociale.7

Conclusion :

La finance islamique représente une approche unique et éthique de la finance qui s'efforce de concilier les objectifs économiques avec des valeurs morales et sociales. Elle offre une alternative viable aux systèmes financiers conventionnels, particulièrement dans un monde de plus en plus axé sur la durabilité et la responsabilité sociale. En comprenant ses principes fondamentaux et ses implications, les acteurs économiques peuvent mieux naviguer dans cet espace en pleine expansion.

[7] Cf. Iqbal et Mirakhor, *An Introduction to Islamic Finance* (2011, page 64).

4. Principes fondamentaux : Études de cas, analyses historiques et exemples concrets

4.1 Étude de cas : Le contrat Mudarabah chez la Banque Al Rajhi

Contexte : Le Mudarabah est un contrat de partenariat où une partie fournit le capital (rab-al-mal) et l'autre gère le projet (mudarib). Ce modèle permet à des entrepreneurs d'accéder à des financements sans recourir à des intérêts.

Exemple concret : Projet de développement immobilier

Situation : Une entreprise de construction à Riyad souhaite développer un complexe résidentiel. Elle n'a pas suffisamment de fonds propres et se tourne vers la Banque Al Rajhi.

Processus :

- **Proposition** : L'entreprise présente son projet à la banque, incluant des études de marché et des prévisions financières.
- **Accord** : La banque accepte de financer 70 % du coût du projet en échange de 60 % des bénéfices.
- **Réalisation :** Une fois le complexe achevé et vendu, les bénéfices sont partagés selon le ratio convenu.

Résultat : Ce modèle a permis à l'entreprise de réaliser son projet sans supporter un fardeau de dettes, tout en offrant à la banque un retour sur investissement basé sur la performance.

Leçons tirées : La Mudarabah crée un alignement d'intérêts entre l'investisseur et l'entrepreneur, réduisant ainsi le risque d'échec commercial.

4.2 Analyse historique : Le rôle du riba dans l'économie

Contexte historique : L'interdiction du riba est enracinée dans les textes islamiques. Elle est essentielle pour promouvoir une économie éthique. Sa pratique consistant à facturer des intérêts financiers ou une prime supérieure au montant principal d'un prêt.[8]

Ceux qui consomment l'intérêt ne se lèveront pas, le jour de la résurrection, comme se lève celui qui a été frappé par le toucher de Satan. Cela, parce qu'ils disent : Le commerce est tout à fait comme l'intérêt". Alors qu'Allah a rendu licite le commerce et illicite l'intérêt.[9]

Exemple concret : Impact dans le monde islamique

- **Origines** : Dans l'Arabie préislamique, les prêteurs exploitaient souvent les emprunteurs avec des taux

---

[8] Cf. Iqbal et Mirakhor, *An Introduction to Islamic Finance* (2011, page 57).

[9] Cf. Sourate Al-Baqarah (2:275).

d'intérêt abusifs, rendant le remboursement impossible.

- **Changement** : Après la révélation coranique, l'interdiction du riba a favorisé l'émergence de modèles économiques basés sur le partage des risques et des bénéfices. Cela a conduit à des partenariats commerciaux plus justes et à une stabilité économique accrue.

Leçons tirées : L'interdiction du riba a permis de créer un cadre éthique pour les transactions financières, qui se concentre sur la justice sociale et l'équité.

4.3 Exemples concrets de principes fondamentaux

4.3.1 Mudarabah

Exemple : Al Baraka Bank (en Tunisie) utilise Mudarabah pour financer des petites et moyennes entreprises (PME) en offrant un capital en échange d'une part des bénéfices. Une PME dans le secteur de l'artisanat a pu développer sa production grâce à ce modèle, partageant les bénéfices avec la banque, tout en se concentrant sur son cœur de métier sans avoir à rembourser des intérêts.

4.3.2 Ijara (location)

Exemple : Une société de transport à Dubaï souhaite acquérir des camions. Au lieu d'un prêt classique, elle conclut un contrat d'Ijara avec une banque islamique. La banque achète les camions et les loue à la société pendant cinq ans. À la fin de la période, la société a la possibilité d'acheter les camions à un prix résiduel convenu. Cela lui permet de gérer son cash-flow tout en évitant des frais d'intérêt.

4.3.3 Musharakah (partenariat)

Exemple : Un groupe d'investisseurs se regroupe pour financer une nouvelle startup technologique en utilisant un contrat de Musharakah. C'est est un mot d'origine arabe qui signifie partage. Dans le contexte des affaires et du commerce, il désigne une entreprise commune dans laquelle tous les partenaires partagent les bénéfices ou les pertes de la coentreprise.[10] Chaque investisseur contribue au capital et partage les bénéfices selon un ratio convenu. Ce modèle a permis à une startup en Indonésie de lever des fonds pour son développement tout en conservant une part significative de propriété et de contrôle.

4.3.4 Sukuk (obligations islamiques)

Exemple : Le gouvernement malaisien émet des Sukuks pour financer des projets d'infrastructure comme des routes et des ponts. Les investisseurs achètent des Sukuks et reçoivent des revenus basés sur les revenus générés par le projet, plutôt que des intérêts. Cela permet de mobiliser des fonds pour le développement sans violer les principes de la charia.

4.3.5 Takaful (assurance islamique)

Exemple : Takaful Malaysia propose des produits d'assurance basés sur le principe de solidarité. Les

[10] Cf. Muhammad Taqi Usmani, *An Introduction to Islamic Finance* (2021, page 1).

participants contribuent à un fonds commun qui est utilisé pour couvrir les sinistres des membres. En cas de surplus, il est redistribué aux participants, contrairement aux compagnies d'assurance conventionnelles où le profit va aux actionnaires.

La finance islamique repose sur le partage des risques. Elle encourage le partage des risques sous ses nombreuses formes, mais décourage généralement le transfert ou le transfert des risques, en particulier le financement par emprunt basé sur les intérêts.[11]

4.4 Études de cas chiffrés Exemple 1 : Financement immobilier

4.4.1 Financement conventionnel : Crédit hypothécaire avec intérêt

Dans un modèle de financement conventionnel, prenons l'exemple d'un emprunteur qui souhaite acheter une maison d'une valeur de 200 000 € avec un prêt hypothécaire sur 20 ans, à un taux d'intérêt annuel de 5 %.

- **Montant emprunté :** 200 000 €
- **Taux d'intérêt annuel :** 5 %
- **Durée :** 20 ans

Le calcul des mensualités pour ce prêt utilise la formule d'amortissement classique :

[11] Cf. Iqbal et Mirakhor, *An Introduction to Islamic Finance* (2011, page 109).

$$M = \frac{P \times r \times (1+r)^n}{(1+r)^n - 1}$$

Où :

- M est le montant de la mensualité,
- P est le montant emprunté (200 000 €),
- r est le taux d'intérêt mensuel (0,05 / 12 = 0,004167)
- n est le nombre total de mensualités (20 ans × 12 = 240).

Le calcul donne une mensualité d'environ **1 319,91 €**.

- **Total remboursé sur 20 ans :** 1 319,91 € × 240 = **316 778,40 €**
- **Total des intérêts payés :** 316 778,40 € - 200 000 € = **116 778,40 €**

4.4.2 Financement islamique : Contrat de Mourabaha

Dans la finance islamique, le contrat de **Mourabaha** est couramment utilisé pour l'achat immobilier. Plutôt que d'emprunter à intérêt, la banque achète la maison pour le compte du client, puis lui revend à un prix majoré, convenu à l'avance.

- **Prix d'achat de la maison par la banque :** 200 000 €
- **Majorations convenues :** 5 % par an sur 20 ans (cumulatif)
- **Prix final pour le client :** 200 000 € + majoration totale = 200 000 € × (1 + 0,05 × 20) = 400 000 €

Le client remboursera ainsi **400 000 €** sur 20 ans, ce qui se traduit par des paiements mensuels de **1 666,67 €**.

- **Total remboursé :** 1 666,67 € × 240 = **400 000 €**
- **Différence de coût par rapport au modèle conventionnel :** 400 000 € - 316 778,40 € = **83 221,60 €**

Analyse

- **Coût total :** La Mourabaha semble plus coûteuse, mais l'absence d'intérêt (riba) rend la transaction éthique selon la charia, contrairement au prêt conventionnel qui repose sur l'intérêt, un élément interdit en Islam.
- **Risque :** En Mourabaha, le risque de l'actif est initialement pris par la banque, alors que dans un prêt hypothécaire conventionnel, le risque de l'actif reste entièrement sur l'emprunteur.
- **Responsabilité sociale :** La finance islamique valorise la transparence et la prévisibilité des paiements, tandis que dans un prêt conventionnel, les fluctuations de taux d'intérêt peuvent générer de l'incertitude.

4.5 Exemple 2 : Financement d'entreprise

4.5.1 Financement conventionnel : Prêt à taux fixe

Une entreprise souhaite emprunter **1 000 000 €** pour financer un projet d'expansion. Le prêt est accordé sur 10 ans avec un taux d'intérêt fixe de **6 %**.

- **Montant emprunté :** 1 000 000 €
- **Taux d'intérêt annuel :** 6 %

- **Durée :** 10 ans

En utilisant la formule d'amortissement, la mensualité pour ce prêt est d'environ **11 102,62 €**.

- **Total remboursé sur 10 ans :** 11 102,62 € × 120 = **1 332 314,40 €**
- **Total des intérêts payés :** 1 332 314,40 € - 1 000 000 € = **332 314,40 €**

4.5.2 Financement islamique : Contrat de Moudarabah

En finance islamique, la **Moudarabah** est un partenariat où une partie (le rab al-mal) fournit les fonds, et l'autre (le moudarib) gère le projet et donc, apporte l'expertise. Les profits sont partagés selon un ratio convenu, mais si l'entreprise subit une perte, elle est supportée uniquement par le fournisseur des fonds.

La notion de partage est un élément-clé dans la finance islamique, elle reflète les valeurs de l'Islam, à savoir la justice, l'égalité sociale et la fraternité. La prohibition de l'intérêt et le principe de partage de profit et de perte vont de pair.

Ce dernier apparaît comme une solution alternative à la rémunération du préteur en l'absence de taux d'intérêt. Ce principe est défini comme un mécanisme financier qui lie le capital financier à l'industrie et au commerce sans utiliser un intérêt.[12]

- **Montant financé :** 1 000 000 €
- **Partage des profits convenu :** 60 % pour la banque, 40 % pour l'entreprise
- **Profit généré par le projet :** 500 000 € (sur 10 ans)

Dans ce cas, la banque recevra **300 000 €** (60 % des 500 000 € de bénéfices), et l'entreprise conservera **200 000 €**.

Analyse :

- **Coût total :** Dans le prêt conventionnel, l'entreprise paie des intérêts fixes, peu importe les performances du projet. En revanche, avec la Moudarabah, la rémunération de la banque dépend de la réussite du projet. Si le projet génère moins de bénéfices que prévu, l'entreprise paiera moins.
- **Partage des risques :** Dans un prêt conventionnel, tout le risque de performance repose sur l'emprunteur. En Moudarabah, le risque est partagé, ce qui peut soulager l'entreprise en cas de mauvais résultats.
- **Éthique et partenariat :** La finance islamique favorise une approche de partage des risques et des

---

[12] Cf. Khan Shahrukh Rafi, *An Economic Analysis of a PLS model for the Financial Sector* », Pakistan Journal of Applied Economics, vol.3, no. 2 (1984, pages 89-105).

profits, tandis que la finance conventionnelle est plus transactionnelle et axée sur le rendement des intérêts.

Conclusion : La Supériorité de la Finance Islamique à Travers des Cas Concrets

L'analyse approfondie des exemples concrets et des études de cas présentée dans cette section souligne la pertinence de la finance islamique comme un modèle non seulement éthique, mais aussi économiquement viable. Les études comparatives entre les financements conventionnels et islamiques révèlent des différences fondamentales qui placent la finance islamique en position de force pour relever les défis économiques mondiaux actuels.

Les modèles conventionnels de financement, fondés sur l'intérêt (riba) et la spéculation excessive, créent souvent des cycles d'endettement qui alourdissent les entreprises et les ménages. Comme l'ont montré plusieurs exemples concrets abordés dans cette partie, ces systèmes conduisent à des déséquilibres économiques, des crises de liquidité, et favorisent une concentration des richesses au sommet de la pyramide économique. À l'inverse, la finance islamique, en interdisant l'intérêt et en favorisant des pratiques justes comme le **Mudarabah** (partage des profits et pertes) ou le **Musharakah** (partenariat), établit une relation plus équilibrée entre les acteurs financiers. Cela réduit les risques excessifs, encourage une redistribution plus équitable des richesses, et soutient une croissance durable.

Dans les exemples comparatifs que nous avons abordés, les résultats chiffrés montrent également que les entreprises qui bénéficient de financements islamiques, basés sur le partage des risques, présentent souvent une meilleure résilience à long terme. Cela se manifeste par une plus grande stabilité financière, notamment en période de crise, où l'absence de lourdes dettes permet aux entreprises de mieux naviguer à travers les turbulences économiques.

En observant de plus près l'application des contrats islamiques comme le **Mourabaha** et le **Ijara**, on peut également constater qu'ils apportent des solutions financières plus équitables et transparentes. Ces contrats sont particulièrement adaptés aux petites et moyennes entreprises (PME), offrant des opportunités d'investissement sans les contraintes d'intérêts cumulés qui caractérisent les prêts conventionnels. Les exemples chiffrés étudiés démontrent que, sur le long terme, la finance islamique crée une dynamique plus saine pour la création d'emplois et l'innovation, tout en minimisant les risques de surendettement.

Enfin, les études de cas historiques montrent que les systèmes financiers islamiques ont survécu à des périodes de crises économiques mondiales en raison de leur structure intrinsèquement résistante aux chocs systémiques. En comparaison avec les effondrements cycliques observés dans les économies basées sur l'intérêt, les systèmes islamiques offrent une stabilité qui, à l'avenir, pourrait devenir un pilier crucial pour les marchés financiers internationaux.

Enjeux et Perspectives : L'étude des exemples concrets prouve que la finance islamique, loin d'être un simple modèle alternatif, est une solution potentielle aux faiblesses actuelles des systèmes financiers mondiaux. En s'éloignant des pratiques spéculatives et des structures d'endettement excessif, la finance islamique répond à une demande croissante pour une finance plus éthique et durable.

Les perspectives sont prometteuses : à mesure que les économies mondiales recherchent des solutions pour soutenir une croissance plus inclusive et durable, les principes de la finance islamique — centrés sur la justice, l'équité et le partage des risques — sont en mesure de répondre à ces besoins. Dans un contexte mondial de plus en plus incertain, la finance islamique pourrait devenir un modèle essentiel pour la résilience économique à long terme, tout en promouvant des systèmes financiers plus justes et équitables pour tous.

4.6 Interview avec Dr. Muhammad Imran Ashraf Usmani[13]

Dr. Muhammad Usmani, éminent érudit en droit islamique et finance islamique, a contribué de manière significative au développement des produits financiers islamiques à travers le monde. Extraits tirés de ses publications et interventions.

1. Pourquoi l'interdiction du riba est-elle si centrale dans la finance islamique ?

« Le riba (intérêt) est interdit en raison de son impact injuste sur les parties vulnérables de la société. La Sharia

[13] Cf. Muhammad Imran Ashraf Usmani, Interview réalisé le 25 janvier à Karachi, Pakistan, lors de la conférence sur la finance islamique organisée par Dar Al Sharia.

cherche à protéger l'équité et à éliminer toute forme d'exploitation. En interdisant le riba, la finance islamique assure que les transactions commerciales sont basées sur un partage équitable des risques et des profits, favorisant une économie plus juste et durable. »

2. Comment les contrats de Mudarabah et Musharakah peuvent-ils transformer les économies modernes ?

« Les contrats de Mudarabah et Musharakah encouragent la prise de risques partagés, où les deux parties (investisseurs et entrepreneurs) contribuent au succès ou à l'échec d'un projet. Cela diffère de la finance conventionnelle basée sur la dette où le fardeau incombe entièrement à l'emprunteur. Ces contrats offrent une plateforme pour un développement entrepreneurial fort et la promotion d'une économie fondée sur l'équité. »

3. Quel défi rencontrez-vous dans l'application de ces principes à grande échelle ?

« L'un des défis majeurs est l'harmonisation des interprétations de la charia à travers les différentes juridictions. Chaque pays peut avoir sa propre école de pensée juridique, ce qui complique la standardisation des produits financiers islamiques. De plus, l'intégration de ces principes dans un système économique mondial dominé par la finance conventionnelle demande des efforts considérables pour sensibiliser les acteurs économiques. »

4. Quel est le rôle des érudits dans l'évolution des produits financiers islamiques ?

« Les érudits jouent un rôle central dans le développement de nouveaux produits financiers en veillant à ce que ceux-ci respectent les principes de la charia. Leur expertise juridique est essentielle pour adapter les concepts traditionnels aux exigences économiques modernes, tout en garantissant que ces produits restent éthiques et conformes aux enseignements islamiques. »

5. Différences avec la finance conventionnelle : Cas concrets & analyses

5.1 Principales différences entre la finance islamique et la finance conventionnelle

5.1.1 Interdiction du riba (intérêt)

Finance islamique : Toute forme d'intérêt est prohibée. Les institutions islamiques offrent des alternatives telles que les contrats de Mudarabah et Musharakah, qui se basent sur le partage des risques et des profits. Ô ceux qui croyez ! Craignez Allah et abandonnez ce qui reste de l'intérêt, si vous êtes vraiment croyants. Et si vous ne le faites pas, alors sachez que vous êtes en guerre contre Allah et Son messager.[14]

Finance conventionnelle : L'intérêt est la base des prêts. Les banques prêtent de l'argent avec des taux d'intérêt fixes ou variables, ce qui peut conduire à un endettement excessif.

5.1.2 Partage des risques

Finance islamique : Les contrats sont conçus pour partager les risques entre les parties. Les bénéfices et les pertes sont répartis selon des accords mutuels, ce qui encourage la responsabilité.

[14] Cf. Sourate Al-Anfal (8:27).

Finance conventionnelle : Les risques sont souvent supportés par l'emprunteur, qui doit rembourser le capital et l'intérêt, indépendamment de la performance de l'investissement.

5.1.3 Éthique et objectifs

Finance islamique : Les transactions doivent être conformes à la charia, ce qui inclut des considérations éthiques. Les investissements dans des secteurs jugés haram (interdits), comme l'alcool ou le tabac, sont proscrits.

Finance conventionnelle : Les décisions d'investissement sont généralement basées sur le rendement financier, sans tenir compte des considérations éthiques.

En général, il existe quatre motifs pour conclure un contrat : le partage du risque ; le transfert du risque ; l'harmonisation des incitations ; ou la minimisation des coûts de transaction. La Mudarabah, la Mousharakah sont des exemples de partage du risque.[15]

5.2 Étude de cas : Comparaison entre une banque islamique et une banque conventionnelle en Malaisie

Contexte : La Malaisie est un exemple pertinent, avec une coexistence de banques islamiques et

---

[15] Cf. Iqbal and Mirakhor, *Economic Development and Islamic Finance* (2013, page 38).

conventionnelles. Prenons Maybank (banque conventionnelle) et Bank Islam Malaysia Berhad (banque islamique).

5.2.1 Produit : Prêt immobilier

Maybank :

- **Structure** : Propose des prêts immobiliers avec un taux d'intérêt fixe de 4 % sur 20 ans.
- **Risques** : L'emprunteur supporte tous les risques. En cas de perte d'emploi, il doit continuer à rembourser le prêt, ce qui peut entraîner des problèmes financiers.

  - **Montant du prêt** : 100 000 $
  - **Taux d'intérêt fixe** : 4 % sur 20 ans (240 mois)
  - **Paiement mensuel** : 605,98 $
  - **Montant total remboursé après 20 ans** : 605,98 $ x 240 mois = 145 435,20 $
  - **Coût total des intérêts** : 145 435,20 $ - 100 000 $ = 45 435,20 $

Dans le cadre du prêt conventionnel, l'emprunteur doit rembourser un total de 145 435,20 $ sur 20 ans, avec un coût d'intérêts de 45 435,20 $. Cela signifie qu'en plus du montant principal du prêt, l'emprunteur paiera près de 45 % en intérêts sur la durée du prêt. Le taux d'intérêt est fixe, ce qui signifie que même si la situation financière de l'emprunteur change, il doit continuer à faire les paiements mensuels. Si l'emprunteur perd son emploi ou rencontre des difficultés financières, il est toujours tenu de rembourser le prêt, ce qui augmente le risque pour lui.

Bank Islam Malaysia Berhad :

- **Structure** : Utilise le contrat de Murabaha, où la banque achète la propriété et la revend à l'emprunteur à un prix majoré. Le remboursement est échelonné sans intérêt.
- **Risques** : Les deux parties partagent le risque, et la banque est engagée dans la gestion de l'actif jusqu'à ce que l'emprunteur en prenne possession.

  - **Montant initial** : 100 000 $
  - **Majoration** : 15 % (prix de vente final = 115 000 $)
  - **Paiement mensuel** : 479,17 $
  - **Montant total remboursé après 20 ans** : 479,17 $ x 240 mois = 115 000 $
  - **Coût supplémentaire (majoration)** : 115 000 $ - 100 000 $ = 15 000 $

Dans le modèle **Murabaha**, la banque achète la propriété au prix de 100 000 $ et la revend à l'emprunteur avec une majoration de 15 %, ce qui porte le prix total à 115 000 $. Le remboursement est échelonné sans intérêts sur 20 ans, avec des paiements mensuels de 479,17 $. Le montant total remboursé est de 115 000 $, soit un coût supplémentaire de 15 000 $, ce qui est bien inférieur au coût des intérêts dans le financement conventionnel.

Analyse critique :

- **Accessibilité** : Les prêts de Maybank peuvent sembler attractifs en raison de leur rapidité et de leur familiarité. Cependant, ils peuvent piéger les emprunteurs dans un cycle d'endettement. Les produits de Bank Islam, bien qu'un peu plus complexes, offrent un cadre plus équitable.

- **Résilience** : Pendant la crise financière de 2008, les banques islamiques ont montré une résilience supérieure, car elles n'étaient pas exposées aux produits dérivés risqués liés à des emprunts basés sur l'intérêt.

5.2.2 Analyse Comparative : Prêt Conventionnel vs Financement Murabaha

Montant total remboursé :

- **Financement conventionnel** : 145 435,20 $ (soit 45 435,20 $ en intérêts)
- **Financement Murabaha** : 115 000 $ (avec une majoration de 15 000 $)

=> Le financement **Murabaha** est clairement moins coûteux avec une différence de **30 435,20 $** en faveur de l'emprunteur dans un modèle sans intérêts.

Risque :

- **Prêt conventionnel** : L'emprunteur supporte tous les risques, y compris en cas de perte d'emploi, baisse de revenus ou incapacité à rembourser. S'il ne peut pas rembourser, il risque la saisie de son bien.
- **Financement Murabaha** : Le risque est partagé. La banque reste impliquée dans la gestion de l'actif jusqu'à ce que l'emprunteur en prenne pleinement possession, ce qui offre une certaine protection à l'emprunteur.

Transparence et Éthique :

- **Prêt conventionnel** : Les taux d'intérêts, bien que fixes dans cet exemple, peuvent parfois être variables, créant des incertitudes pour l'emprunteur. En outre, les intérêts représentent un coût élevé sans lien avec la performance de l'investissement.
- **Financement Murabaha** : Il n'y a pas de système d'intérêts. Le prix est fixé dès le début et connu par toutes les parties. Cela respecte l'éthique de la finance islamique en évitant l'usure (riba).

Flexibilité et adaptabilité :

- **Prêt conventionnel** : Moins flexible, le remboursement est rigide et doit être effectué même en cas de pertes économiques pour l'emprunteur.

- **Financement Murabaha** : Plus flexible, avec la possibilité de partager les risques, la banque étant aussi engagée dans le processus de gestion jusqu'à la prise en charge complète de l'actif par l'emprunteur.

Conclusion :

Le modèle de financement islamique, ici représenté par le **Murabaha**, présente des avantages substantiels en termes de coûts, de partage des risques et de transparence par rapport aux prêts conventionnels avec intérêts. La finance islamique privilégie des solutions éthiques et justes, évitant les pratiques de riba, et permettant une plus grande stabilité économique pour les emprunteurs. En période de crise économique ou d'instabilité financière, ce modèle offre une meilleure résilience et protection, alignant les intérêts de toutes les parties. Ce système contribue à une économie plus équitable, contrairement au modèle conventionnel qui peut accentuer l'endettement et fragiliser l'emprunteur.

5.3 Exemples concrets de différences fondamentales

5.3.1 Produit Mudarabah vs Prêt à intérêt

Exemple Mudarabah : Une startup technologique reçoit un financement de 500 000 $ de la banque islamique via Mudarabah. Si elle réalise un bénéfice de 200 000 $, la banque prend 60 % et l'entrepreneur 40 %.

- **Montant du financement** : 500 000 $
- **Type de contrat** : Partage des profits et des pertes (Mudarabah)
- **Résultat de l'entreprise** : Bénéfice de 200 000 $
- **Répartition des bénéfices** :
  - La banque prend 60 % des bénéfices : 120 000 $
  - L'entrepreneur garde 40 % des bénéfices : 80 000 $

Dans ce scénario, la banque et l'entrepreneur partagent à la fois les bénéfices et les risques. Si l'entreprise subit des pertes, l'entrepreneur ne serait pas obligé de rembourser le capital initial, contrairement à un prêt classique. Ce modèle permet une certaine souplesse en cas d'échec commercial.

Exemple Prêt à intérêt : Une autre startup obtient un prêt de 500 000 $ auprès d'une banque conventionnelle avec un taux d'intérêt de 5 %. Après un an, elle doit rembourser 525 000 $, indépendamment de son succès.

- **Montant du financement** : 500 000 $
- **Type de contrat** : Prêt à taux fixe
- **Taux d'intérêt** : 5 %
- **Montant à rembourser après un an** : 525 000 $, indépendamment des résultats de l'entreprise

Dans ce cas, l'entrepreneur est tenu de rembourser 525 000 $, même s'il réalise des pertes ou si les bénéfices sont insuffisants. Le prêt à intérêt impose un remboursement fixe, peu importe le succès ou l'échec de l'entreprise.

5.3.2 Analyse comparative : Avantages de la finance islamique par rapport à la finance conventionnelle

Partage des risques et des bénéfices :

- **Mudarabah** est un contrat qui repose sur un partage équitable des risques et des bénéfices entre l'entrepreneur et l'investisseur. Ce modèle encourage la collaboration et permet à l'entrepreneur de ne pas être alourdi par une dette fixe en cas de difficultés économiques.
- En **finance conventionnelle**, le remboursement du capital et des intérêts est obligatoire, ce qui impose un stress financier important à l'entrepreneur en cas de mauvais résultats.

Absence de riba (intérêt) dans la finance islamique :

La finance islamique interdit strictement le **riba** (intérêt), car il est perçu comme une forme d'exploitation. Le riba est divisé en deux types principaux :

- **Riba al-nasiah** : Intérêts appliqués sur un prêt en échange d'un délai de remboursement.
- **Riba al-fadl** : Intérêts générés par l'échange de biens de valeurs inégales.

Dans le **prêt à intérêt** conventionnel, les intérêts (riba) augmentent le montant total à rembourser, que l'entreprise ait réussi ou non. Cela peut conduire à l'exploitation, surtout pour les startups et les petites entreprises, car elles doivent payer davantage que ce qu'elles ont emprunté.

En **finance islamique**, l'investisseur ne peut pas recevoir de retour sur investissement sous forme d'intérêts fixes (riba). Au lieu de cela, les retours sont basés sur la performance réelle de l'entreprise. Ce système est considéré comme plus éthique, car il évite l'exploitation financière de l'entrepreneur.

5.3.3 Stabilité financière et responsabilité mutuelle

En **finance islamique**, comme dans le cas du Mudarabah, le risque est partagé, ce qui incite les investisseurs à évaluer avec soin la viabilité des projets avant de les financer. Cela réduit le risque systémique lié à des prêts inconsidérés, une des causes des crises financières dans les systèmes conventionnels.

La **finance conventionnelle**, avec l'obligation de rembourser les intérêts, peut créer une pression financière, en particulier lorsque l'entreprise rencontre des difficultés ou que le climat économique est défavorable. Cela peut entraîner une instabilité accrue si de nombreuses entreprises font défaut sur leurs prêts.

Conclusion : Finance islamique et riba

La **finance islamique** présente des avantages notables en termes d'équité et de partage des risques, en particulier pour les jeunes entreprises et les entrepreneurs. En supprimant le riba, elle offre une approche plus équilibrée et éthique du financement, favorisant un modèle économique basé sur la justice sociale et l'inclusion.

Le **Mudarabah**, en tant que modèle de financement, permet d'aligner les intérêts des parties prenantes et d'encourager la responsabilité partagée. Comparé à la finance conventionnelle, il élimine le fardeau des remboursements fixes et des intérêts, ce qui est crucial pour les startups dans un environnement économique incertain.

En conclusion, la finance islamique, avec son approche éthique et basée sur le partage, peut non seulement offrir des solutions de financement plus justes, mais aussi contribuer à un système financier plus stable et durable, en particulier dans un monde de plus en plus marqué par des crises financières répétées.

5.3.4 Ijara vs Location classique

Exemple Ijara : Une entreprise loue des équipements via un contrat d'Ijara. À la fin du contrat, elle a la possibilité d'acheter les équipements à un prix résiduel. Cela réduit le risque de perte totale en cas d'échec commercial.

- **Montant total de l'équipement :** 100 000 $
- **Durée de location :** 5 ans
- **Paiement mensuel pour l'Ijara :** 1 800 $/mois
- **Total des paiements sur 5 ans :** 1 800 $ × 12 mois × 5 ans = 108 000 $
- **Prix résiduel pour l'achat à la fin du contrat :** 20 000 $

Scénario pour l'Ijara :

- **Total des paiements de location sur 5 ans :** 108 000 $
- **Option d'achat :** À la fin de la période de 5 ans, l'entreprise peut acheter l'équipement pour un montant résiduel de **20 000 $**
- **Coût total avec option d'achat exercée :** 108 000 $ (location) + 20 000 $ (achat) = **128 000 $**
- **Avantage :** Si l'équipement reste utile et en bon état à la fin des 5 ans, l'entreprise peut l'acheter à un prix réduit, protégeant ainsi son investissement et minimisant le risque de perte.

Exemple Location classique : Une entreprise loue le même équipement sans option d'achat. Si l'équipement est obsolète, elle a perdu le capital investi sans aucun retour.

- **Montant total de l'équipement :** 100 000 $
- **Durée de location :** 5 ans
- **Paiement mensuel pour la location classique :** 1 600 $/mois

- **Total des paiements sur 5 ans :** 1 600 $ × 12 mois × 5 ans = 96 000 $

Scénario pour la location classique :

- **Total des paiements de location sur 5 ans :** 96 000 $
- **Pas d'option d'achat :** À la fin de la période de location, l'équipement est retourné au propriétaire.
- **Coût total :** 96 000 $
- **Désavantage :** L'entreprise a dépensé **96 000 $** pour l'utilisation temporaire de l'équipement, mais n'a aucun droit de propriété à la fin du contrat. Si l'équipement est obsolète, elle n'a aucun retour sur l'investissement.

Comparaison des résultats :

- **Ijara :** L'entreprise paie **128 000 $** sur 5 ans, mais elle a la possibilité d'acquérir l'équipement à la fin du contrat pour un prix résiduel de **20 000 $**. Si l'équipement a encore une valeur d'utilisation, elle peut continuer à l'utiliser ou même le revendre à un prix supérieur, ce qui réduit considérablement le risque financier.
- **Location classique :** L'entreprise paie **96 000 $** sur 5 ans sans option d'achat. L'équipement est retourné à la fin de la période et l'entreprise n'a aucun retour d'investissement. Si l'équipement devient obsolète avant la fin du contrat, l'entreprise perd également tout le capital investi dans la location.

Conclusion :

Dans un **contrat Ijara**, bien que le coût total soit plus élevé (128 000 $ contre 96 000 $), l'entreprise bénéficie de la flexibilité d'acheter l'équipement à la fin du contrat, réduisant ainsi le risque de perte totale. Si le projet est un succès et que l'équipement a encore de la valeur, cela peut se révéler plus avantageux à long terme.

Avec la **location classique**, l'entreprise ne supporte pas de coût additionnel, mais elle n'obtient aucune propriété ou retour sur investissement. Si l'équipement devient obsolète, elle a perdu l'intégralité du montant dépensé en location.

La finance islamique avec l'**Ijara** offre donc une flexibilité accrue et une meilleure gestion des risques, en particulier dans des environnements où la volatilité des marchés ou l'obsolescence rapide des équipements peuvent représenter des risques majeurs pour les entreprises.

5.3.5 Sukuk vs Obligations classiques

Exemple Sukuk : Un gouvernement émet un Sukuk de 100 millions $ pour financer un projet d'infrastructure. Les investisseurs reçoivent des paiements basés sur les revenus générés par le projet.

- **Montant de l'émission :** 100 millions $
- **Structure du Sukuk :** Basé sur les revenus générés par le projet d'infrastructure (par exemple, un pont ou une route à péage)
- **Durée :** 5 ans
- **Revenus générés par le projet :** Supposons que le projet génère 20 millions $ par an

- **Partage des revenus :** Les investisseurs reçoivent une part des revenus générés par le projet, disons 75 % du revenu annuel

Calcul pour le Sukuk :

- **Revenus annuels du projet :** 20 millions $
- **Partage des revenus avec les investisseurs (75 %) :** 75 % de 20 millions $ = 15 millions $
- **Montant annuel distribué aux investisseurs :** 15 millions $
- **Total reçu par les investisseurs après 5 ans :** 15 millions $ × 5 = 75 millions $

Les investisseurs du **Sukuk** ne reçoivent que les revenus générés par le projet. Si le projet génère plus de revenus, ils pourraient recevoir davantage, mais si le projet ne génère pas de revenus (ou des revenus plus faibles), leurs paiements seraient moindres.

Exemple Obligations classiques : Une entreprise émet des obligations de 100 millions $ avec un taux d'intérêt fixe de 5 %. Les investisseurs reçoivent des paiements d'intérêts, indépendamment de la performance de l'entreprise.

- **Montant de l'émission :** 100 millions $
- **Taux d'intérêt :** 5 % fixe
- **Durée :** 5 ans

Calcul pour l'obligation :

- **Montant des intérêts annuels :** 5 % de 100 millions $ = 5 millions $

- **Total des intérêts versés aux investisseurs après 5 ans :** 5 millions $ × 5 = 25 millions $
- **Remboursement du capital à la fin de la durée :** 100 millions $

Au total, les investisseurs dans les obligations classiques recevront un **total de 125 millions $** (25 millions $ d'intérêts et 100 millions $ de remboursement du capital).

Comparaison de résultats :

- **Sukuk :** Les investisseurs ont reçu 75 millions $ sur 5 ans, mais il n'y a pas de remboursement du capital à la fin puisque le Sukuk repose sur la performance du projet (basé sur des actifs réels). Cependant, si le projet est performant, les paiements peuvent être supérieurs.
- **Obligations classiques :** Les investisseurs ont reçu 25 millions $ d'intérêts fixes, et le capital de 100 millions $ leur est intégralement remboursé à la fin de la période.

Conclusion :

Dans ce scénario, les obligations classiques semblent plus avantageuses en termes de montant total reçu (125 millions $ contre 75 millions $ pour le Sukuk). Cependant, l'avantage du Sukuk est qu'il est lié aux revenus réels d'un actif tangible et conforme aux principes éthiques islamiques, évitant les intérêts (riba). Si le projet financé par le Sukuk avait généré plus de revenus que prévu, les investisseurs auraient pu recevoir davantage, alors que dans l'obligation classique, le paiement d'intérêts reste fixe, peu importe la performance de l'entreprise ou du projet.

Cela illustre la différence fondamentale entre les deux systèmes. L'obligation classique génère un revenu fixe pour les investisseurs, tandis que le Sukuk reflète la performance de l'actif sous-jacent et peut offrir une répartition plus équitable des bénéfices (ou des pertes).

5.4 Interview avec un expert en finance islamique : Dr. Aisha Yousuf[16]

Dr. Aishah Yousuf est une érudite respectée dans le domaine de la finance islamique et membre du Shariah Advisory Council à l'International Islamic Liquidity Management Corporation (IILM). Quelques extraits d'une interview basée sur ses enseignements et travaux publiés.

1. Quels sont les principaux avantages de la finance islamique par rapport à la finance conventionnelle ?

« La finance islamique repose sur l'équité, la justice et le partage des risques. Contrairement à la finance conventionnelle, qui est souvent centrée sur la maximisation des profits via les taux d'intérêt, la finance islamique cherche à créer un équilibre entre le rendement financier et la responsabilité sociale. Elle favorise également un cadre éthique où les investissements dans des secteurs préjudiciables comme l'alcool, le jeu et les

[16] Cf. Aisha Yousuf, Interview réalisé le 22 avril 2019 à Kuala Lumpur, Malaisie, lors du Congrès international de la finance islamique.

armes sont interdits. Cela la rend plus durable et plus alignée sur les valeurs de justice sociale. »

2. Comment la finance islamique peut-elle répondre aux besoins des entreprises modernes ?

« La finance islamique offre des solutions flexibles comme les contrats de Mudarabah et de Musharakah, qui permettent aux entreprises d'accéder à des financements sans s'endetter de manière excessive. Les entreprises modernes, particulièrement dans des marchés émergents, cherchent des alternatives qui leur permettent de croître tout en minimisant les risques financiers. La finance islamique, en ne se basant pas sur l'intérêt mais sur le partage des profits et des pertes, fournit une solution équitable à ces entreprises. »

3. Quelles sont les principales critiques de la finance islamique et comment y répondre ?

« Une critique courante est la complexité des structures des produits financiers islamiques, notamment en ce qui concerne leur conformité à la charia. Cependant, la solution repose dans l'éducation du marché. Nous avons besoin de sensibiliser davantage les investisseurs, les régulateurs et les entreprises aux avantages des modèles islamiques. De plus, une plus grande harmonisation des standards internationaux permettrait de réduire la confusion et d'améliorer la transparence. »

4. Comment voyez-vous l'avenir de la finance islamique dans le paysage financier mondial ?

« La finance islamique a un rôle clé à jouer dans l'avenir de l'économie mondiale, surtout avec la montée des pratiques de finance durable et éthique. Avec l'essor des investissements ESG (Environnemental, Social, Gouvernance), les principes de la finance islamique s'alignent parfaitement avec les objectifs de durabilité. Son intégration dans le système financier mondial ne fera que croître, avec de plus en plus de pays et d'institutions adoptant des produits conformes à la charia. »

6. Exemples concrets de financements islamiques : Étude de cas détaillés

6.1 Étude de cas : Financement d'un projet immobilier avec Mudarabah

Contexte : La Mudarabah est un contrat de partenariat qui permet à un investisseur de financer un projet géré par un entrepreneur. Cette étude de cas se concentre sur un projet immobilier en Arabie Saoudite.

Projet : Développement d'un complexe résidentiel à Jeddah

6.1.1 Financement Mudarabah

Investisseur : Banque Al Baraka

Entrepreneur : Société de construction locale

Processus :

- **Proposition du projet** : La société de construction présente un plan détaillé à la banque, incluant l'étude de marché, le budget prévisionnel et le calendrier de réalisation.
- **Accord de financement** : La banque accepte de financer 70 % des coûts (10 millions de SAR) en échange de 60 % des bénéfices nets générés par le projet.

- **Réalisation** : Le projet est construit, et les unités sont mises en vente.

Résultats :

Bénéfices : Après un an, le projet génère un bénéfice net de 3 millions de SAR.

Répartition des bénéfices : La banque reçoit 1,8 million de SAR (60 %) et l'entrepreneur 1,2 million de SAR (40 %).

Analyse :

Proposition du projet : La société de construction présente un plan avec un budget prévisionnel de 14,29 millions de SAR. La banque accepte de financer 70 % des coûts, soit **10 millions de SAR**.

Accord de financement : La banque reçoit **60 %** des bénéfices nets générés par le projet, et l'entrepreneur garde **40 %**.

Réalisation : Le projet est achevé, et les unités sont mises en vente.

Résultats :

- Le projet génère un bénéfice net de **3 millions de SAR** après un an.

Répartition des bénéfices :

- Banque : 60 % de 3 millions de SAR = **1,8 million de SAR**.
- Entrepreneur : 40 % de 3 millions de SAR = **1,2 million de SAR**.

Avantages : La Mudarabah a permis à l'entrepreneur de bénéficier d'un capital important sans le fardeau d'intérêts, tout en alignant les intérêts des deux parties.

Risques : L'entrepreneur a pris un risque sur la gestion du projet, mais les bénéfices partagés ont incité une gestion efficace.

6.1.2 Analyse - prêt conventionnel : Financement avec intérêt

Proposition du projet : La société de construction demande un prêt de **10 millions de SAR** auprès d'une banque conventionnelle avec un taux d'intérêt annuel de **5 %** pour financer 70 % du projet.

Accord de financement : La société doit rembourser le montant du prêt avec les intérêts, peu importe si le projet génère un bénéfice ou non.

Résultats :

- Le projet génère le même bénéfice net de **3 millions de SAR** après un an.
- Le montant total à rembourser par l'entreprise à la banque est de :
  - Intérêt à payer après un an : **10 millions SAR x 5 % = 500 000 SAR**
  - Total à rembourser : **10 millions SAR + 500 000 SAR = 10,5 millions SAR**

6.1.3 Comparaison des résultats chiffrés

Mudarabah (Financement islamique)

- La société de construction n'a pas à rembourser un prêt avec intérêts. Elle partage les bénéfices du projet avec la banque.
- Bénéfice net du projet : **3 millions de SAR**.
- Répartition des bénéfices : La banque reçoit **1,8 million de SAR** (60 %), et l'entrepreneur reçoit **1,2 million de SAR** (40 %).
- L'entrepreneur conserve **1,2 million de SAR** après la répartition des bénéfices.

Prêt conventionnel (Financement avec intérêt) :

- La société doit rembourser le prêt de **10,5 millions de SAR** (incluant l'intérêt de 5 %).
- Le bénéfice net généré par le projet est de **3 millions de SAR**, mais l'entrepreneur doit rembourser **500 000 SAR** d'intérêts à la banque.
- Bénéfice après remboursement : **3 millions de SAR - 500 000 SAR = 2,5 millions de SAR**.
- L'entrepreneur conserve **2,5 millions de SAR**, mais après avoir remboursé la banque, il reste **0** pour la banque (la banque a déjà reçu son intérêt fixe).

6.1.4 Analyse comparative et conclusions

Partage du risque et des bénéfices : Avec le financement islamique en Mudarabah, le risque et les bénéfices sont partagés de manière équitable entre la banque et l'entrepreneur. La banque reçoit une part des bénéfices, mais supporte aussi le risque en cas de perte. En revanche, avec un prêt conventionnel, la banque est assurée de recevoir ses intérêts, même si le projet échoue, ce qui accroît le risque pour l'entrepreneur.

- **Coût du financement** : Dans le modèle conventionnel, l'emprunteur paie un coût fixe sous forme d'intérêts (dans cet exemple, **500 000 SAR**), tandis que dans le modèle islamique, le coût du financement dépend des performances du projet. Si le projet génère des bénéfices importants, la banque et l'entrepreneur en bénéficient tous les deux. Toutefois, si le projet ne génère pas ou peu de bénéfices, l'entrepreneur ne subit pas de lourds remboursements fixes, contrairement au modèle conventionnel.

- **Flexibilité et éthique** : Le modèle islamique offre une plus grande flexibilité, car les paiements à la banque sont proportionnels au succès du projet. En comparaison, le financement conventionnel exige des remboursements fixes, indépendamment de la performance du projet. Cela peut exercer une pression supplémentaire sur l'entrepreneur, surtout en cas de difficultés financières.

Conclusion :

Le financement islamique, à travers des structures comme la Mudarabah, favorise un partage plus équitable des risques et des récompenses, ce qui peut soutenir des modèles de croissance plus durables. En comparaison, le financement conventionnel, bien qu'offrant un retour garanti pour les banques via les intérêts, impose une charge financière plus rigide sur l'entrepreneur, ce qui peut devenir problématique en cas de mauvaises performances économiques.

6.2 Étude de cas : Financement d'une PME via Musharakah

6.2.1 Financement via Musharakah (financement islamique)

Contexte : Le contrat de Musharakah est un partenariat où les parties contribuent au capital et partagent les profits et les pertes.

Projet : Lancement d'une entreprise de technologie en Malaisie

Partenaires : Un groupe d'investisseurs et une startup technologique

Processus :

- **Structure du capital** : Les partenaires conviennent de contribuer 1 million de MYR chacun, créant un capital total de 2 millions de MYR.
- **Partage des bénéfices** : Les bénéfices seront partagés à hauteur de 70 % pour la startup (en tant que gestionnaire) et 30 % pour les investisseurs.
- **Gestion** : La startup gère les opérations quotidiennes tout en tenant les investisseurs informés des performances.

Résultats :

- **Bénéfices** : Après deux ans, l'entreprise réalise dans l'ensemble, un bénéfice de 500 000 MYR.

- **Répartition des bénéfices** : La startup reçoit 350 000 MYR et les investisseurs 150 000 MYR.

Analyse :

- **Avantages** : Le modèle de Musharakah a permis à la startup de lever des fonds tout en conservant une part de contrôle. Les investisseurs ont également bénéficié d'une visibilité sur la gestion de l'entreprise.

- **Risques** : Les pertes sont partagées, et si la startup avait échoué, tous les partenaires auraient subi des pertes proportionnelles.

6.2.2 Financement conventionnel (prêt bancaire à intérêt)

Imaginons qu'une entreprise similaire ait pris un prêt bancaire conventionnel de 1 million de MYR avec un taux d'intérêt de 5 % sur deux ans.

- **Montant emprunté** : 1 million de MYR
- **Taux d'intérêt** : 5 % annuel
  - Après deux ans, les intérêts à payer seraient :
  - Intérêt annuel 1 000 000 × 0,05 = 50 000 MYR par an
  - Intérêt total sur deux ans : 50 000 × 2 = 100 000 MYR

- **Montant total à rembourser** après deux ans : 1 000 000 + 100 000 = 1 100 000 MYR

Risques : La startup doit rembourser la totalité du capital plus les intérêts, indépendamment des bénéfices ou des pertes. Si elle ne parvient pas à générer suffisamment de revenus, elle devra tout de même rembourser le prêt, ce qui peut entraîner des difficultés financières.

6.2.3 Comparaison entre les deux types de financements

Musharakah (financement islamique) :

- **Partage des risques** : Les deux parties (la startup et les investisseurs) partagent non seulement les bénéfices, mais aussi les pertes. Cela crée une structure plus équitable et réduit la pression sur l'entrepreneur.

- **Absence d'intérêts** : Contrairement au prêt conventionnel, il n'y a pas d'intérêt à payer, ce qui rend ce mode de financement plus adapté aux situations où les bénéfices ne sont pas garantis.

- **Relation de partenariat** : Le financement est basé sur une relation de partenariat, où les investisseurs ont un intérêt direct dans le succès de l'entreprise et peuvent apporter des conseils et du soutien.

Prêt conventionnel à intérêt :

- **Obligation de remboursement** : L'entreprise doit rembourser 1 100 000 MYR, que l'entreprise ait réalisé des bénéfices ou non. Cela place une pression financière considérable sur la startup.

- **Absence de partage des risques** : Le prêteur est assuré de recevoir le montant principal et les intérêts, quel que soit le résultat du projet, ce qui peut mettre en péril la survie de la startup en cas de difficultés financières.

Conclusion :

Le financement via **Musharakah** offre une structure plus équitable et favorable pour les startups, surtout dans les phases de croissance incertaine. Contrairement au financement conventionnel à intérêt, où l'entreprise est contrainte de rembourser le capital emprunté avec des intérêts, Musharakah permet de partager les risques et les bénéfices.

Cela reflète un aspect essentiel de la finance islamique : elle favorise un système de financement plus solidaire, où les partenaires partagent à la fois les succès et les échecs. Ce type de financement peut donc offrir une plus grande stabilité à long terme pour les petites et moyennes entreprises (PME) et promouvoir une croissance durable dans le contexte économique mondial actuel.

6.3 Étude de cas 3 : Financement d'un équipement avec Ijara

6.3.1 Financement d'un équipement avec Ijara

Contexte : Le contrat d'Ijara est une forme de leasing où un bien est loué à un utilisateur, avec la possibilité d'achat à la fin de la période.

Projet : Acquisition d'équipements pour une société de construction en Égypte

Société : ABC Construction

Banque : Banque islamique d'Égypte

Processus :

- **Demande de leasing** : ABC Construction souhaite acquérir des grues pour un projet à long terme. Elle demande un Ijara à la banque pour un coût total de 1,5 million de LE.
- **Structure de l'accord** : La banque achète les grues et les loue à ABC Construction pour une période de cinq ans avec des paiements mensuels. À la fin de la période, la société peut acheter les grues à un prix résiduel.
- **Utilisation des équipements** : Les grues sont utilisées pour divers projets, augmentant la productivité de l'entreprise.

Calcul des paiements et analyse financière

Coût total sur 5 ans (location) :

- Paiement mensuel de leasing : 30 000 LE
- Nombre de mois : 5 ans x 12 mois = **60 mois**
- **Total des paiements mensuels** : 30 000 × 60 = 1 800 000 LE

Coût total si l'entreprise achète l'équipement à la fin du contrat :

- Paiements de location sur 5 ans : **1 800 000 LE**.

- Prix résiduel pour acheter les grues après 5 ans : **200 000 LE**
- **Coût total pour ABC Construction si elle achète les grues** :
  1 800 000 + 200 000 = 2 000 000 LE

6.3.2 Comparaison avec un financement conventionnel (prêt bancaire)

Hypothèse de financement conventionnel

Imaginons qu'ABC Construction ait choisi de financer les grues via un prêt bancaire conventionnel avec un taux d'intérêt de **7 % annuel**.

- **Montant emprunté** : 1 500 000 LE
- **Durée du prêt** : 5 ans
- **Taux d'intérêt** : 7 % annuel

Calcul du coût total pour un prêt conventionnel :

Nous utilisons une formule de remboursement de prêt avec des paiements égaux :

$$M = \frac{P \times r \times (1 + r)^n}{(1 + r)^n - 1}$$

Où :

- P est le montant du prêt (1 500 000 LE)
- r est le taux d'intérêt mensuel (7 % annuel / 12 = 0,583 % mensuel = 0,00583)
- n est le nombre de paiements (60 mois)

En insérant les valeurs :

$$Paiement_{Mensuel} = \frac{1500000 \times 0{,}00583 \times (1 + 0{,}00583)^{60}}{(1 + 0{,}00583)^{60} - 1}$$

Le paiement mensuel (M) est d'environ **29 703 LE**.

- **Total des paiements sur 5 ans** : 29 703 × 60 = 1 782 180 LE

Coût total du financement conventionnel :

- Total des paiements d'intérêts : 1 782 180 – 1 500 000 = 282 180 LE

Résultats :

Flexibilité : ABC Construction n'a pas eu besoin d'un capital initial important pour acheter l'équipement.

Possibilité d'achat : À la fin de la période de leasing, la société a acheté les grues à un prix réduit, renforçant sa capacité opérationnelle.

Analyse :

Avantages : L'Ijara a permis à ABC Construction de maintenir une trésorerie positive tout en accédant à des équipements nécessaires.

Risques : Si le projet avait échoué, la société aurait tout de même dû payer le loyer, mais elle aurait pu renégocier les conditions.

6.3.3 Conclusion et comparaison

Ijara (financement islamique) :

- Coût total : **2 000 000 LE** sur 5 ans (y compris l'achat final).
- La banque partage le risque, car elle possède les grues pendant la durée de location.
- Aucun paiement d'intérêts, mais des frais de location (inclus dans le prix total).

Prêt conventionnel :

- Coût total : **1 782 180 LE** pour 5 ans, sans option d'achat résiduel (l'entreprise ne devient pas propriétaire automatiquement à la fin).
- Les risques sont entièrement à la charge d'ABC Construction, car elle doit rembourser la totalité du prêt même en cas de difficultés financières.

Conclusion :

Ijara est plus avantageux si l'entreprise souhaite éventuellement acquérir l'équipement, car elle offre une flexibilité (avec l'option d'achat résiduel) et permet de partager les risques avec la banque.

Le prêt conventionnel semble moins coûteux en termes de paiements totaux, mais il impose un remboursement fixe des intérêts, indépendamment des bénéfices ou de la performance de l'équipement.

En somme, **Ijara** convient mieux aux entreprises cherchant à limiter les risques et à accéder à une structure flexible, tandis que le **prêt conventionnel** peut être plus adapté pour les entreprises ayant une capacité financière solide et des projets plus prévisibles.

6.4 Étude de cas : Émission de Sukuk pour financement d'infrastructures

6.4.1 Financement par Sukuk

Contexte : Le Sukuk est un instrument de financement islamique qui permet de lever des fonds en échange de droits sur des actifs tangibles.

Projet : Construction d'une autoroute en Indonésie

Émetteur : Gouvernement indonésien

Montant : 500 millions de $ en Sukuk

Processus :

- **Émission de Sukuk** : Le gouvernement émet des Sukuk basés sur les revenus futurs générés par l'autoroute.
- **Structure** : Les investisseurs achètent des Sukuk et reçoivent des paiements basés sur les recettes perçues par l'autoroute (péages).
- **Utilisation des fonds** : Les fonds levés sont utilisés pour financer la construction de l'autoroute.

Détails complets du Projet : Construction d'une Autoroute en Indonésie

- **Émetteur** : Gouvernement indonésien

- **Montant levé** : 500 millions de $
- **Projet** : Construction d'une autoroute
- **Durée du Sukuk** : 10 ans
- **Taux de rendement** : Supposons un rendement de **5 % annuel** basé sur les revenus générés par l'autoroute

Calcul des paiements annuels aux Détenteurs de Sukuk :

- **Montant levé via Sukuk** : 500 millions de $
- **Rendement annuel des Sukuk** : 5 % des revenus de l'autoroute
- **Revenus annuels générés par l'autoroute** : Supposons que l'autoroute génère **50 millions de $ par an** en revenus d'exploitation
- **Rendement annuel à distribuer aux investisseurs** :
  500 000 000 x 0,05 = 25 000 000 $ par an

Sur 10 ans, les investisseurs recevront : 25 000 000 x 10 = 250 000 000 $.

Cela représente 50 % des revenus générés par l'autoroute, car les paiements sont basés sur les performances de l'actif.

6.4.2 Comparaison avec un Financement Obligataire Conventionnel

Si le gouvernement avait opté pour une émission d'obligations conventionnelles à un taux d'intérêt de **5 %**, voici les différences clés :

Obligations conventionnelles :

- **Montant levé** : 500 millions de $
- **Taux d'intérêt** : 5 % annuel
- **Durée** : 10 ans

Calcul des paiements pour obligations conventionnelles :

- **Intérêts annuels à payer** : 500 000 000 x 0,05 = 25,000,000 $ par an

Sur 10 ans, le gouvernement indonésien devra payer : 25,000,000 x 10 = 250,000,000 $.

Cependant, dans ce cas, les paiements d'intérêts sont fixes, et le gouvernement est obligé de les payer même si l'autoroute ne génère pas suffisamment de revenus.

Résultats :

Collecte de fonds : Le gouvernement a réussi à lever des fonds rapidement sans recourir à des prêts conventionnels.

Rendement pour les investisseurs : Les investisseurs reçoivent des paiements réguliers basés sur les revenus réels, garantissant ainsi un retour sur investissement.

Analyse :

Avantages : Les Sukuk offrent une alternative attractive pour financer des projets d'infrastructure tout en respectant les principes de la charia.

Risques : Les revenus dépendent du trafic sur l'autoroute, ce qui peut être affecté par divers facteurs économiques.

6.4.3 Analyse comparative

Sukuk :

- Les paiements sont directement liés aux performances de l'actif sous-jacent (l'autoroute). Si l'autoroute génère moins de revenus que prévu, les détenteurs de Sukuk recevront des rendements plus faibles. Cependant, ils ont une part de propriété dans l'actif tangible, ce qui leur permet de bénéficier de toute hausse future des revenus.
- Avantage : le risque est partagé entre l'émetteur et les investisseurs. Le gouvernement n'a pas l'obligation de payer des intérêts fixes, ce qui réduit la pression financière en cas de sous-performance du projet.

Obligations conventionnelles :

- Les paiements d'intérêts sont fixes et obligatoires, quelle que soit la performance de l'autoroute. Cela met une pression supplémentaire sur le gouvernement pour assurer des paiements, même si le projet ne génère pas les revenus escomptés.
- Désavantage : le gouvernement supporte l'intégralité du risque financier, car les paiements d'intérêts doivent être effectués quel que soit le succès ou l'échec du projet.

6.5 Interview avec Dr. Abbas Mirakhor[17]

Dr. Abbas Mirakhor est un expert mondialement reconnu en finance islamique et ancien directeur exécutif au Fonds Monétaire International (FMI). Extraits d'interviews et d'écrits sur le rôle des contrats islamiques dans le soutien aux entrepreneurs et les défis rencontrés par les institutions financières islamiques.

1. Comment évaluez-vous le rôle des contrats Mudarabah et Musharakah dans le soutien aux entrepreneurs ?

« Les contrats Mudarabah et Musharakah offrent un cadre unique pour soutenir les entrepreneurs en partageant les risques et les récompenses. Contrairement aux systèmes de financement conventionnels, où l'investisseur réclame un retour fixe, ces modèles incitent à l'innovation et à la prise de risques. Ils créent également une synergie entre les parties prenantes, qui deviennent partenaires dans le succès de l'entreprise. Cela encourage l'investissement à long terme et l'alignement des intérêts. »

2. Quelles sont les leçons à tirer des études de cas que vous avez observées ?

« L'une des grandes leçons des études de cas en finance islamique est que ces modèles peuvent véritablement stimuler un développement économique inclusif. Les exemples montrent que la finance islamique, en mettant

---

[17] Cf. Abbas Mirakhor, Interview réalisé le 10 juin à Washington, D.C., États-Unis, lors d'un symposium organisé par l'Islamic Development Bank (IDB).

l'accent sur le partage des risques et les partenariats, peut aider les petites et moyennes entreprises (PME) à croître sans les risques liés à l'endettement excessif. Ces études illustrent également comment les principes éthiques de la finance islamique contribuent à un développement durable et socialement responsable. »

3. Quels défis rencontrent les institutions financières islamiques dans la mise en œuvre de ces modèles ?

« Le défi principal auquel font face les institutions financières islamiques est l'éducation et la sensibilisation. Beaucoup de personnes, y compris des entrepreneurs et des investisseurs, ne comprennent pas encore complètement les avantages des systèmes de financement basés sur le partage des profits et des pertes. De plus, il est nécessaire de créer une infrastructure réglementaire solide pour soutenir la finance islamique, notamment en ce qui concerne la standardisation et l'harmonisation des règles entre les différentes juridictions. »

4. Comment envisagez-vous l'avenir des financements islamiques dans le contexte économique mondial ?

« Avec la montée en puissance de la finance éthique et de l'investissement socialement responsable (ISR), la finance islamique est bien placée pour jouer un rôle encore plus important sur la scène mondiale. Les investisseurs recherchent de plus en plus des options qui respectent des critères éthiques et durables, ce qui fait de la finance islamique un choix attractif. Je crois fermement que les principes islamiques de justice, de partage des risques et de responsabilité sociale deviendront des normes dans un avenir proche. »

7. Utilisation pratique et expansion : Études de cas par région

7.1 Introduction à la finance islamique en Afrique subsaharienne

L'Afrique subsaharienne, avec sa diversité économique et culturelle, présente un potentiel considérable pour la finance islamique. Cette section explore des études de cas de projets réussis, mettant en lumière les méthodes de financement et les impacts socio-économiques.

7.2 Étude de cas : Financement de l'agriculture au Cameroun avec le Mudarabah

Contexte : Le Cameroun, pays à forte agriculture, a besoin de financements pour moderniser ses pratiques agricoles. Un projet pilote a été lancé avec une banque islamique pour soutenir les agriculteurs.

Projet : Modernisation des exploitations agricoles à l'ouest du Cameroun.

Partenaires : Banque islamique du Cameroun et coopératives agricoles locales.

7.2.1 Calcul avec Mudarabah

Processus :

- **Identifications des besoins** : La banque collabore avec des coopératives pour identifier les besoins en financement pour l'achat de semences, d'équipements et de formation.

- **Accord de Mudarabah** : La banque finance 75 % des coûts totaux (environ 1 million de FCFA) en échange de 50 % des bénéfices nets réalisés par les coopératives.
- **Mise en œuvre** : Les agriculteurs utilisent le financement pour acquérir des équipements modernes et améliorer les rendements.

Données de l'exemple :

- Coût total de la modernisation : 1,33 million FCFA
- Financement de la banque : 75 % des coûts (1 million FCFA)
- Financement des coopératives : 25 % des coûts (330 000 FCFA)
- Partage des bénéfices : 50 % pour la banque et 50 % pour les coopératives
- Bénéfice net réalisé après modernisation : 500 000 FCFA
- Augmentation de la production agricole : +30 %

Partage des bénéfices :

- Bénéfice net : 500 000 FCFA
- Part de la banque (50 %) : 500 000 × 0,5 = 250 000 FCFA
- Part des coopératives (50 %) : 500 000 × 0,5 = 250 000 FCFA

Bénéfices pour la banque :

- Investissement initial de la banque : 1 million FCFA
- Bénéfices obtenus : 250 000 FCFA

- **Retour sur investissement** (sur la période de l'accord) :

$$\frac{250\ 000}{1\ 000\ 000} \times 100 \approx 25\%$$

Bénéfices pour les coopératives :

- Investissement initial des coopératives : 330 000 FCFA
- Bénéfices obtenus : 250 000 FCFA
- **Retour sur investissement** (sur la période de l'accord)

$$\frac{250\ 000}{330\ 000} \times 100 \approx 75{,}76\%$$

Résultats :

Augmentation de la production : Les coopératives constatent une augmentation de 30 % de la production agricole.

Bénéfices partagés : Sur un bénéfice net de 500 000 FCFA, la banque reçoit 250 000 FCFA, favorisant la durabilité du partenariat.

Analyse :

Impact social : Ce modèle a permis d'améliorer la sécurité alimentaire et le revenu des agriculteurs.

Risques et défis : Les aléas climatiques ont pu affecter la production, mais le partage des bénéfices a encouragé une gestion proactive.

7.2.2 Comparaison avec un financement conventionnel (Prêt avec intérêt)

Si les coopératives avaient opté pour un financement conventionnel via un **prêt à intérêt** avec un taux de 10 % par an, le calcul serait différent :

- **Montant du prêt :** 1 million FCFA
- **Intérêts annuels :** 1 000 000 × 0,10 = 100 000 FCFA
- **Montant total à rembourser après un an :** 1 000 000 + 100 000 = 1 100 000 FCFA

Différences sur le bénéfice :

- Les coopératives garderaient la totalité du bénéfice net de 500 000 FCFA mais devraient rembourser 1,1 million FCFA, ce qui les mettrait en **déficit** de 600 000 FCFA (1,1 million FCFA - 500 000 FCFA).

- Dans ce cas, les coopératives auraient un **coût total** bien plus élevé en raison de l'intérêt et finiraient avec une dette malgré l'augmentation de la production.

Conclusion :

Avec Mudarabah

- La banque partage les risques avec les coopératives, et les deux parties bénéficient du succès du projet.

- Les coopératives améliorent leur rendement avec des équipements modernes tout en partageant les bénéfices de manière équitable.

- La banque obtient un retour sur investissement raisonnable (25 %), tandis que les coopératives bénéficient d'un ROI élevé (75,76 %).

Avec un prêt à intérêt

- Les coopératives supportent tous les risques financiers. En cas de succès, elles doivent encore rembourser le prêt avec intérêt, réduisant ainsi leur profit réel.

- Ce modèle crée un poids financier supplémentaire qui peut être difficile à gérer, surtout si la production ne répond pas aux attentes.

La finance islamique, en particulier via Mudarabah, montre son avantage en créant des relations de partenariat et en partageant les risques, ce qui encourage le développement durable, contrairement au modèle conventionnel qui impose une charge financière plus lourde en cas de succès modéré.

7.3 Étude de cas : Développement d'infrastructures à travers des Sukuk en Afrique de l'Est

Contexte : L'Afrique de l'Est a vu une montée en puissance des émissions de Sukuk pour financer des infrastructures essentielles.

Projet : Construction d'une autoroute en Tanzanie

Émetteur : Gouvernement tanzanien

7.3.1 Calculs avec Sukuk

Processus :

- **Émission de Sukuk** : Le gouvernement émet des Sukuk d'une valeur de 200 millions de $ pour financer la construction d'une autoroute.
- **Investisseurs** : Les Sukuk sont vendus à des investisseurs privés et institutionnels, garantissant des paiements basés sur les revenus des péages.
- **Utilisation des fonds** : Les fonds sont alloués à la construction et à l'entretien de l'autoroute.

Données de l'exemple :

- Montant levé via Sukuk : 200 millions de $
- Revenus annuels des péages : 40 millions de $ par an
- Rendement annuel des Sukuk : 5 % des revenus de l'autoroute
- Durée de l'émission : 10 ans

Calculs :

- **Montant levé** : 200 millions de $ via l'émission de Sukuk.
- **Revenus générés par l'autoroute** : 40 millions de $ par an.
- **Rendement annuel à distribuer aux investisseurs** : 200 000 000 x 0,05 = 10 000 000 $ par an

- **Total des paiements aux investisseurs sur 10 ans** : 10 000 000 x 10 = 100 000 000 $ sur 10 ans

  Les investisseurs reçoivent donc 100 millions de $ au total, soit **50 %** des revenus générés par l'autoroute.

Résultats :

Collecte de fonds rapide : Le gouvernement a pu lever des fonds efficacement sans dépendre des prêts classiques.

Rendements pour les investisseurs : Les investisseurs bénéficient de revenus tirés des péages, avec une structure alignée sur les principes islamiques.

Analyse :

Avantages : Ce modèle a permis de développer des infrastructures essentielles tout en respectant les principes de la finance islamique.

Risques : La dépendance aux revenus des péages peut être affectée par le trafic routier.

7.3.2 Comparaison avec un financement obligataire conventionnel

Si le gouvernement tanzanien avait opté pour une émission d'**obligations conventionnelles** avec un taux d'intérêt de 5 %, les résultats seraient les suivants :

- **Montant levé** : 200 millions de $ via obligations conventionnelles.

- **Intérêts annuels à payer** : 200 000 000 x 0,05 = 10 000 000 $ par an
- **Total des paiements aux détenteurs d'obligations sur 10 ans** : 10 000 000 x 10 = 100 000 000 $ sur 10 ans

Les paiements seraient les mêmes que dans le cas des Sukuk (100 millions de $ sur 10 ans), mais la structure de rémunération diffère.

Les détenteurs d'obligations reçoivent des paiements d'intérêts fixes, **indépendamment des revenus générés par l'autoroute**.

Analyse et Conclusion :

Dans le cadre des Sukuk

- Le rendement est **aligné sur les revenus générés** par l'actif (l'autoroute), créant une corrélation directe entre la performance du projet et les rendements des investisseurs. Si les revenus des péages augmentent, les investisseurs bénéficient potentiellement de meilleurs rendements.
- Ce modèle implique un partage du risque entre le gouvernement et les investisseurs. En cas de baisse des revenus, les investisseurs perçoivent moins de rendement.
- Cela respecte les principes islamiques, car il n'y a pas d'intérêts fixes (Riba), mais plutôt des revenus générés par un actif tangible.

Dans le cadre des obligations conventionnelles

- Les détenteurs d'obligations perçoivent des intérêts fixes, **indépendamment de la performance de l'autoroute**. Le gouvernement doit donc payer ces intérêts même si l'autoroute génère des revenus inférieurs aux attentes.
- Cela crée une pression financière supplémentaire sur le gouvernement si les revenus des péages sont faibles, car les paiements d'intérêts sont garantis.

Conclusion :

Le financement via **Sukuk** est avantageux pour le gouvernement tanzanien, car il **partage les risques avec les investisseurs** tout en respectant les principes de la finance islamique. Les investisseurs ne reçoivent des rendements que si l'infrastructure fonctionne et génère des revenus, ce qui les incite à soutenir un projet réussi. Par contre, avec un **financement obligataire conventionnel**, le gouvernement supporte un risque financier plus important, car il doit garantir des paiements d'intérêts fixes, quel que soit le succès de l'autoroute.

Ainsi, le **modèle Sukuk** s'avère plus durable et adapté aux projets d'infrastructure à long terme où les revenus peuvent fluctuer.

7.4 Étude de cas : Expansion de la microfinance islamique en Afrique subsaharienne

Contexte : La microfinance islamique émerge comme une solution pour aider les populations à faible revenu à accéder à des financements.

Projet : Microfinance islamique au Sénégal

Institution : Takaful Microfinance

Processus :

- **Modèle de Takaful** : L'institution offre des prêts sans intérêt, en utilisant le modèle de Takaful où les membres contribuent à un fonds commun.
- **Projets financés** : Les fonds sont alloués à des projets de micro-entreprise, comme la vente de produits artisanaux.
- **Support et formation** : Takaful fournit également des formations sur la gestion des entreprises et l'utilisation des fonds.

Résultats :

Impact économique : Des centaines de femmes ont lancé leurs propres entreprises, améliorant leur situation financière.

Stabilité sociale : Le modèle a renforcé la solidarité entre les membres et créé des réseaux de soutien.

Analyse :

Avantages : La microfinance islamique favorise l'inclusion financière, en permettant à des groupes marginalisés d'accéder à des fonds sans la contrainte des intérêts.

Défis : Le besoin d'éducation financière reste crucial pour garantir le succès des projets.

En plus du besoin crucial d'éducation financière, nous pouvons noter quelques **défis supplémentaires** pour le modèle :

- **Réglementation complexe** : Les cadres légaux et réglementaires pour les produits Takaful varient d'un pays à l'autre, ce qui peut compliquer l'harmonisation et la conformité internationale.

- **Manque de diversification** : Les options d'investissement conformes à la Sharia peuvent être limitées, ce qui restreint la diversification des portefeuilles d'actifs dans le modèle Takaful.

- **Concurrence avec les assurances conventionnelles** : Les compagnies Takaful doivent rivaliser avec les assurances classiques, souvent plus connues et mieux établies, ce qui peut ralentir leur adoption.

- **Frais administratifs élevés** : Les structures opérationnelles spécifiques au Takaful peuvent entraîner des coûts administratifs plus élevés par rapport aux assurances classiques, impactant la compétitivité.

Ces défis nécessitent des efforts continus pour renforcer le cadre réglementaire et éduquer les consommateurs et les parties prenantes.

Le Global Islamic Finance Report (2022) révèle que les investissements islamiques en Afrique subsaharienne ont connu une croissance de 25% en raison de l'augmentation de la demande pour des solutions de financement éthiques.[18]

7.5 Interview avec Dr. Mohammad Usman[19]

Dr. Mohammad Usman est un chercheur reconnu et professeur de finance islamique à l'Université de Kuala Lumpur et consultant pour plusieurs institutions financières islamiques en Afrique subsaharienne.

1. Quelles sont les principales applications des financements islamiques en Afrique subsaharienne ?

« En Afrique subsaharienne, les financements islamiques se manifestent principalement dans les secteurs de l'agriculture, de l'immobilier et des micro-finances. Des modèles comme le Mudarabah et le Musharakah sont utilisés pour soutenir les agriculteurs en leur fournissant des fonds sans intérêts, ce qui est particulièrement pertinent dans les économies où l'accès au crédit est limité. Cela favorise non seulement la productivité agricole, mais contribue également au développement communautaire. »

---

[18] Cf. Global Islamic Finance Report (GIFR).

[19] Cf. Mohammad Usman, Interview réalisé le 18 août 2017 à Lagos, Nigéria, lors du Forum africain de la finance islamique.

2. Comment évaluez-vous le succès des projets de financement islamique en Afrique ?

« Les études de cas montrent que les projets de financement islamique en Afrique ont connu un certain succès, notamment grâce à leur alignement avec les valeurs culturelles et religieuses des populations locales. Par exemple, les initiatives de micro-finance basées sur des principes islamiques ont permis à de nombreux entrepreneurs de démarrer et d'élargir leurs activités. Cela démontre que la finance islamique n'est pas seulement une question de conformité religieuse, mais qu'elle peut également apporter des bénéfices économiques tangibles. »

3. Quels défis spécifiques rencontrent les financements islamiques en Afrique subsaharienne ?

« L'un des défis majeurs est le manque de sensibilisation et de compréhension des produits financiers islamiques parmi la population. Il existe également des obstacles réglementaires et des questions de standardisation qui compliquent l'intégration des financements islamiques dans le système financier conventionnel. De plus, le manque d'infrastructures financières peut rendre difficile la mise en œuvre de projets à grande échelle. »

4. Comment envisagez-vous l'avenir de la finance islamique en Afrique subsaharienne ?

« L'avenir de la finance islamique en Afrique subsaharienne est prometteur. Avec une population jeune et de plus en plus consciente de l'importance de la finance éthique, il y a un potentiel considérable pour la croissance

des produits financiers islamiques. De plus, l'augmentation des partenariats entre les banques islamiques et les institutions de micro-finance offre des avenues intéressantes pour élargir l'accès aux financements. Je suis convaincu que la finance islamique pourra jouer un rôle crucial dans le développement économique de la région. »

8. Défis et opportunités : Perspectives actuelles et futures

8.1 Introduction aux défis et opportunités de la finance islamique

La finance islamique, en pleine expansion, fait face à des défis spécifiques qui peuvent freiner son développement. Cependant, elle offre également des opportunités uniques pour les marchés émergents et les économies en développement. Cette section explore ces défis et opportunités, tout en examinant les perspectives de la finance islamique.

8.2 Défis de la finance islamique

8.2.1 Compréhension et sensibilisation

Problème : Une grande partie de la population reste peu informée sur les principes et les produits de la finance islamique.

Impact : Cela limite l'adoption des produits islamiques et freine leur intégration dans le système financier traditionnel.

8.2.2 Réglementation et cadre juridique

Problème : Les systèmes réglementaires dans de nombreux pays ne sont pas encore adaptés aux spécificités de la finance islamique.

Impact : L'absence de réglementations claires peut entraîner des incertitudes juridiques pour les investisseurs et les institutions.

8.2.3 Concurrence avec la finance conventionnelle

Problème : Les institutions financières conventionnelles dominent encore le marché.

Impact : La concurrence sur les taux d'intérêt et les produits attractifs peut dissuader les clients de se tourner vers la finance islamique.

8.2.4 Formation des professionnels

Problème : Il y a un manque de spécialistes formés en finance islamique, ce qui limite l'expertise disponible.

Impact : Cela affecte la qualité des services offerts et l'innovation dans le secteur et surtout sa réglementation. Les défis liés à la complexité réglementaire dans le secteur de la finance islamique, soulignant la nécessité d'une harmonisation des normes pour soutenir sa croissance.[20]

8.3 Opportunités de la finance islamique

8.3.1 Croissance du marché global

Situation : La finance islamique connaît une croissance rapide, avec une augmentation de la demande pour des produits conformes à la charia, en particulier dans les pays à majorité musulmane.

Potentiel : Les institutions financières islamiques peuvent capitaliser sur cette tendance en élargissant leur

---

[20] Cf. Muhammad Taqi Usmani, *Islamic Finance: Priciples and Practice* (2011, page 45).

gamme de produits et en ciblant de nouveaux segments de marché.

8.3.2 Économie verte et développement durable

Situation : L'intérêt croissant pour les investissements responsables et durables aligne bien avec les principes de la finance islamique.

Potentiel : Les produits financiers islamiques peuvent jouer un rôle clé dans le financement de projets d'énergie renouvelable et d'infrastructures durables.

8.3.3 Inclusion financière

Situation : La finance islamique offre des solutions adaptées aux populations non bancarisées ou sous-bancarisées.

Potentiel : En développant des produits de microfinance et en ciblant les segments défavorisés, les institutions islamiques peuvent contribuer à l'inclusion financière.

8.3.4 Technologie financière (Fintech)

Situation : L'essor des fintechs offre de nouvelles avenues pour la finance islamique, permettant des services plus accessibles et efficaces.

Potentiel : Les startups fintech peuvent développer des solutions innovantes conformes à la charia, attirant une clientèle plus jeune et technophile.

8.4 Étude de cas : Innovations en finance islamique et impact de la fintech

Contexte : Un exemple marquant de l'innovation dans la finance islamique est celui de la startup Wahed Invest, qui propose des solutions d'investissement halal à travers une plateforme numérique.

8.4.1 Produit proposé

Plateforme d'investissement : Wahed Invest permet aux utilisateurs de diversifier leur portefeuille d'investissement en choisissant des actifs conformes à la charia, tels que des actions et des biens immobiliers.

Accessibilité : Les utilisateurs peuvent commencer à investir avec de petites sommes, rendant l'investissement islamique accessible à un public plus large.

8.4.2 Impact

Éducation financière : Wahed Invest offre également des ressources éducatives pour sensibiliser les utilisateurs aux principes de la finance islamique.

Expansion : En raison de son modèle numérique, la startup a réussi à atteindre des clients dans divers pays, promouvant ainsi la finance islamique au-delà des frontières.

8.5 Perspectives de la finance islamique

8.5.1 Évolution des produits

Tendances : On s'attend à une diversification accrue des produits financiers islamiques, incluant des options d'investissement en ligne, des assurances halal et des Sukuk verts.

Innovation : L'innovation continuera d'être un moteur essentiel pour attirer de nouveaux clients et répondre à leurs besoins.

8.5.2 Collaboration avec les institutions conventionnelles

Opportunité : La coopération entre les institutions islamiques et conventionnelles peut renforcer la crédibilité de la finance islamique et élargir son marché.

Synergies : Cela pourrait également conduire à la création de nouveaux produits hybrides qui combinent les meilleures pratiques des deux systèmes.

8.5.3 Réglementation adaptée

Nécessité : Des efforts doivent être déployés pour établir des cadres réglementaires clairs et adaptés à la finance islamique.

Impact potentiel : Une réglementation bien conçue pourrait renforcer la confiance des investisseurs et des consommateurs dans les produits islamiques.

8.5.4 Conscientisation et éducation

Actions nécessaires : Les initiatives de sensibilisation et d'éducation joueront un rôle crucial pour informer le grand public et les professionnels sur les avantages et les principes de la finance islamique.

Objectif : Cela pourrait favoriser une adoption plus large et une meilleure compréhension des produits islamiques.

8.6 Interview avec Dr. Mohamad A. El-Gamal[21]

Dr. Mohamad A. El-Gamal est un économiste de renom et professeur à l'Université de Rice, expert en finance islamique et auteur de plusieurs ouvrages sur le sujet.

1. Quels défis majeurs voyez-vous pour la finance islamique dans les prochaines années ?

« Les défis liés à la réglementation, à l'harmonisation des standards et à la compréhension du public restent cruciaux. Cependant, je suis convaincu que la finance islamique peut surmonter ces obstacles grâce à des efforts accrus en matière d'éducation et d'innovation. La sensibilisation aux principes de la finance islamique et la formation des professionnels du secteur sont essentielles pour améliorer la perception et l'adoption de ces produits. »

2. Comment la technologie influence-t-elle le développement de la finance islamique ?

« La technologie, en particulier la fintech, joue un rôle transformateur dans le développement de la finance

---

[21] Cf. Mohamad A. El-Gamal, Interview réalisé le 29 septembre 2021 à Houston, Texas, États-Unis, après une conférence à l'Université de Rice sur l'économie islamique.

islamique. Les solutions fintech permettent de rendre les services financiers islamiques plus accessibles, tout en facilitant l'introduction de modèles d'affaires innovants et durables. Des plateformes de financement participatif et des applications de gestion d'investissement conformes à la charia deviennent de plus en plus courantes, ouvrant ainsi de nouvelles avenues pour les entrepreneurs et les investisseurs. »

3. Quelles opportunités représente la finance islamique pour les économies émergentes ?

« La finance islamique a un potentiel significatif pour stimuler le développement économique dans les économies émergentes, en particulier en fournissant des fonds aux petites et moyennes entreprises (PME) et en améliorant l'inclusion financière. Cela est particulièrement pertinent dans des régions comme l'Afrique et l'Asie, où de nombreuses personnes n'ont pas accès à des services financiers traditionnels. En intégrant des principes éthiques et de durabilité, la finance islamique peut répondre aux besoins financiers tout en respectant les valeurs sociétales. »

4. Comment voyez-vous l'avenir de la finance islamique au niveau mondial ?

« Avec une croissance continue et une adoption croissante, je pense que la finance islamique jouera un rôle majeur sur la scène financière mondiale, en particulier dans les secteurs de l'économie verte et des investissements responsables. La tendance vers des pratiques d'investissement plus durables et socialement responsables crée des synergies avec les principes de la

finance islamique, ce qui pourrait renforcer sa position dans le paysage financier mondial. »

9. Évolution des Fintech Islamiques

9.1 Contexte et définition des fintech islamiques

Les fintechs islamiques combinent les principes de la finance islamique avec des innovations technologiques pour offrir des services financiers conformes à la charia. Elles visent à améliorer l'accès aux services financiers, en particulier pour les populations non bancarisées ou sous-bancarisées.

9.2 Historique de l'émergence des fintech islamiques

9.2.1 Origines dans les années 2010

L'essor des technologies numériques a coïncidé avec une demande croissante pour des services financiers conformes à la charia, surtout dans des régions comme l'Asie du Sud-Est.

9.2.2 Exemples de plateformes pionnières

Wahed Invest (2015) : Cette plateforme a été lancée pour offrir des investissements halal à une clientèle jeune. En 2021, elle avait attiré plus de 250 000 utilisateurs et géré plus de 100 millions de dollars d'actifs.

9.2.3 Croissance des investissements

Selon le rapport de Statista, les investissements en fintech islamique étaient estimés à environ 44 milliards de dollars en 2022 et devraient atteindre 60 milliards de dollars d'ici 2025.

9.3 Caractéristiques clés des fintech islamiques

9.3.1 Conformité à la charia

Les produits doivent être évalués par un conseil de charia, ce qui renforce la confiance des utilisateurs.

9.3.2 Accessibilité et inclusivité

Par exemple, Namal Pay a permis à plus de 50 000 utilisateurs d'accéder à des services de paiement conformes à la charia dans des zones rurales où les services bancaires sont limités.

9.4 Exemples concrets de fintech islamiques

9.4.1 Wahed Invest

Fonctionnalités : En 2021, la plateforme a permis à ses utilisateurs d'investir dans plus de 100 entreprises cotées en bourse conformes à la charia, diversifiant ainsi leurs portefeuilles.

Impact : Avec des rendements moyens de 8 % par an, Wahed a démontré la viabilité d'un modèle d'investissement halal.

9.4.2 Ethis

Financement participatif : Ethis a levé plus de 20 millions de dollars pour des projets en Asie du Sud-Est et en Afrique, financant des projets tels que la construction d'hôpitaux et de logements abordables.

Impact social : En 2022, Ethis a contribué à la création de plus de 1 000 emplois à travers ses projets financés.

9.4.3 Namal Pay

Croissance : Cette plateforme a enregistré une augmentation de 150 % de ses utilisateurs en 2023, en atteignant un total de 100 000 utilisateurs dans toute la région du Moyen-Orient.

Impact : Namal Pay a facilité des transactions de plus de 10 millions de dollars en 2023, aidant les petites entreprises à accéder à des solutions de paiement efficaces.

9.5 Défis rencontrés par les fintechs islamiques

9.5.1 Réglementation

La complexité des réglementations varie d'un pays à l'autre, ce qui peut rendre difficile la mise en œuvre de modèles d'affaires. Par exemple, certaines fintechs doivent se conformer à des lois strictes sur le capital minimum.

9.5.2 Éducation et sensibilisation

Selon une étude de Deloitte, seulement 30 % des musulmans connaissent les produits financiers islamiques, ce qui souligne la nécessité de programmes d'éducation ciblés.

9.6 Perspectives des fintech islamiques

9.6.1 Croissance continue

Le marché de la fintech islamique devrait croître de 20 % par an, atteignant un total de 120 milliards de dollars d'ici 2025, selon le rapport de Fitch Ratings.

9.6.2 Partenariats

Des collaborations entre fintechs et banques traditionnelles, comme celle entre CIMB Islamic Bank et BigPay, favorisent l'innovation et l'accessibilité des services financiers.

9.6.3 Intégration de nouvelles technologies

L'utilisation de l'intelligence artificielle pour la gestion des risques et de la blockchain pour garantir la transparence et la sécurité pourrait transformer le paysage de la finance islamique.

Dr. Al-Ghamdi note que la technologie est un vecteur clé pour l'expansion de la finance islamique, surtout avec l'émergence de solutions fintech qui répondent aux besoins d'un public plus large.[22]

---

[22] Cf. Mohammed Al-Ghamdi, *Fintech and Islamic Finance: The Future of Financial Services* (2020, page 112).

9.7 Interview d'expert : Dr. Ahmad Al-Ghamdi[23]

Dr. Ahmad Al-Ghamdi est un expert reconnu en finance islamique et un conseiller pour plusieurs startups fintech islamiques, travaillant à l'intersection de la technologie et de la finance éthique.

1. Quelles opportunités voyez-vous pour les fintechs islamiques dans les prochaines années ?

« Les fintechs islamiques possèdent un potentiel énorme, surtout dans des régions à forte croissance démographique comme l'Afrique et l'Asie du Sud-Est. Avec une meilleure éducation financière et une sensibilisation accrue aux principes de la finance islamique, nous pourrions observer un saut significatif dans l'adoption de ces produits. La digitalisation des services financiers islamiques pourrait également faciliter l'accès pour les populations non bancarisées. Cela pourrait transformer le paysage économique en rendant ces services accessibles à un plus grand nombre de personnes. »

2. Quels défis majeurs devront-elles surmonter ?

« La régulation est un défi constant pour les fintechs islamiques. Bien que de nombreux pays commencent à développer des cadres réglementaires adaptés, il existe encore des incertitudes concernant la conformité à la charia et l'harmonisation des réglementations à l'échelle

[23] Cf. Ahmad Am-Ghamdi, Interview réalisé le 7 mars 2022 à Dubaï, Émirats Arabes Unis, lors du Sommet mondial des FinTech islamiques.

internationale. Cependant, je crois que l'innovation technologique, couplée à une collaboration proactive entre les gouvernements et le secteur privé, peut aider à surmonter certains de ces obstacles. Cela inclut la mise en place de standards communs pour les produits fintechs islamiques. »

3. Comment envisagez-vous l'avenir des fintechs islamiques ?

« Je suis convaincu qu'à l'horizon de 5 à 10 ans, les fintechs islamiques seront intégrées dans le tissu même de l'économie mondiale. Elles joueront un rôle crucial dans le financement des initiatives de développement durable, surtout dans les domaines de l'énergie verte et des infrastructures. L'essor de la finance responsable et éthique correspond aux valeurs de la finance islamique, créant ainsi un environnement propice à leur expansion. De plus, avec l'essor de la technologie blockchain et des contrats intelligents, nous pourrions voir des innovations significatives dans les produits financiers islamiques. »

10. Finance Islamique et Marchés Financiers : Enjeux et Perspectives

La finance islamique, avec ses fondements éthiques et ses règles strictes en matière de riba (intérêt) et de gharar (incertitude), a pris une place de plus en plus importante dans les marchés financiers globaux. Les produits financiers islamiques, comme les sukuk, les fonds d'investissement conformes à la charia, et les indices boursiers islamiques, offrent une alternative à la finance conventionnelle. En observant cette expansion, plusieurs experts soulignent son impact et ses perspectives futures.

10.1 Les Rapports entre Finance Islamique et Marchés Financiers

Les Sukuk (obligations islamiques) : Le marché des sukuk a joué un rôle clé dans le développement des marchés financiers islamiques. Les sukuk sont structurés de manière à respecter les interdictions islamiques contre le riba. Les sukuk, en se basant sur des actifs tangibles, apportent stabilité et transparence, tout en promouvant une forme d'économie réelle qui évite les excès de la finance spéculative.[24]

Indices Islamiques : Les indices conformes à la charia offrent aux investisseurs une alternative aux actions conventionnelles. Ils permettent d'éviter les secteurs interdits comme ceux de l'alcool, du tabac, et des jeux de hasard. L'introduction des indices islamiques a permis aux

---

[24] Cf. Mohammad Taqi Usmani, *Islamic Finance: Principles and Practice* (2002, page 76).

investisseurs musulmans de participer aux marchés boursiers tout en restant fidèles à leurs valeurs, favorisant ainsi une intégration plus large des principes de la finance islamique dans l'économie mondiale.[25]

10.2 Enjeux Actuels de la Finance Islamique dans les Marchés Financiers

La finance islamique doit surmonter certains défis pour s'imposer dans les marchés financiers mondiaux. Parmi ces enjeux figurent :

Harmonisation des Normes : La diversité des interprétations des principes de la charia pose des défis en matière de régulation. L'absence d'harmonisation des règles freine parfois l'expansion internationale des produits islamiques. L'harmonisation des standards internationaux de la finance islamique est essentielle pour assurer la confiance des investisseurs et l'efficacité des produits financiers conformes à la charia.[26]

Complexité des Produits Financiers : Les produits islamiques sont souvent perçus comme plus complexes, ce qui peut dissuader certains investisseurs potentiels. Néanmoins, Muhammad Iqbal souligne que la complexité des produits financiers islamiques découle de la nécessité d'éviter le riba et le gharar tout en offrant des alternatives

---

[25] Cf. Ibrahim Warde, *Islamic Finance in the Global Economy* (2010, page 54).

[26] Cf. Habib Ahmed, *Islamic Finance: Theoretical and Practical Perspective* (2010, page 48).

aux instruments conventionnels, mais cela n'empêche pas leur adoption rapide.[27]

10.3 Les Pays du Golfe et l'Utilisation de la Finance Islamique dans les Marchés Financiers

Les pays du Golfe jouent un rôle central dans le développement des marchés financiers islamiques :

- **Arabie Saoudite** : Grâce à la Vision 2030, l'Arabie Saoudite a investi massivement dans les sukuk pour financer des projets d'infrastructure, tout en renforçant ses institutions financières islamiques. Le rapport de *Ernst & Young* sur la banque islamique montre que « l'Arabie Saoudite a émergé comme l'un des leaders mondiaux en matière de finance islamique, notamment grâce à l'augmentation de l'émission de sukuk pour diversifier son économie ».[28]

- **Émirats Arabes Unis** : Dubaï a pour ambition de devenir la capitale mondiale de l'économie islamique. L'initiative *Dubai: Capital of the Islamic Economy* vise à attirer des capitaux islamiques et à renforcer la place de la finance islamique dans les marchés financiers globaux. Selon le *Global Islamic Finance Report 2021* publié par Cambridge IFA, les Émirats sont

---

[27] Cf. Muhammad Iqbal, *Islamic banking: A Modern Approach* (2001, page 112).

[28] Cf. Ernst & Young, *World Islamic Banking Competitiveness Report* (2020, page 38).

bien positionnés pour devenir un hub central, non seulement pour les sukuk, mais aussi pour la fintech islamique.[29]

10.4 Perspectives pour la Finance Islamique dans les Marchés Financiers

Croissance des Sukuk Verts : Avec l'accent croissant sur les investissements durables, les sukuk verts ont émergé comme un produit clé. Ces obligations conformes à la charia sont conçues pour financer des projets écologiques. Selon un rapport de l'Islamic Development Bank, les sukuk verts offrent une formidable opportunité de soutenir les initiatives de développement durable dans les pays musulmans, tout en respectant les principes islamiques.[30]

Fintechs Islamiques : Les technologies financières (fintech) islamiques ouvrent de nouvelles perspectives. Elles permettent aux petites entreprises et aux individus d'accéder plus facilement aux produits financiers conformes à la charia. Selon l'étude *Islamic Fintech Report 2021*, l'innovation dans le secteur fintech islamique pourrait révolutionner l'accès aux services financiers dans les économies émergentes, en particulier en Afrique et en Asie du Sud-Est.[31]

---

[29] Cf. Cambridge IFA, *Global Islamic Finance Report* (2021, page 60).

[30] Cf. Islamic Development Bank, *Sukuk for Sustainability development* (2019, page 24).

[31] Cf. Cambridge IFA, Islamic Fintech Report (2021, page 15).

Conclusion : La Finance Islamique et les Marchés Financiers en Mutation

La finance islamique a prouvé qu'elle pouvait jouer un rôle central dans les marchés financiers mondiaux, tout en répondant aux besoins éthiques d'une économie plus durable. À mesure que le monde se tourne vers des modèles plus responsables, la finance islamique a le potentiel d'offrir une alternative robuste, en se basant sur des principes de justice et de partage équitable des risques.[32]

Avec l'augmentation des sukuk verts, le développement des fintechs islamiques et la croissance continue dans les pays du Golfe, la finance islamique est bien placée pour jouer un rôle clé dans l'avenir des marchés financiers mondiaux.

---

[32] Cf. Muhammad S. H. K. Siddiqi, *Islamic Finance: Principles and Practice* (2012, page 219).

11. Éthique et Responsabilité Sociale : Le Cœur Durable de la Finance Islamique

La finance islamique est intrinsèquement liée à l'éthique et à la justice sociale. Les principes fondamentaux comme l'interdiction du riba (intérêt) et du gharar (incertitude) garantissent que les transactions financières sont équitables et transparentes. Le zakat (charité obligatoire) et la prohibition des investissements dans des secteurs immoraux renforcent également son rôle social.

Exemples :

- **Banque islamique de développement (BID) :** La BID finance des projets d'infrastructure dans des pays en développement, tels que la construction de routes, d'écoles et d'hôpitaux, tout en veillant à ce que ces projets respectent les principes éthiques.

- **Microfinance islamique en Indonésie et au Bangladesh :** Ces initiatives utilisent des contrats de *Qard Hasan* (prêt sans intérêt) et de *Mudarabah* pour aider les petites entreprises, favorisant une croissance économique inclusive.

Dans un monde où l'injustice sociale et l'exploitation économique semblent croître, la finance islamique se présente comme une solution éthique et responsable. Fondée sur les principes de l'équité, du partage des risques, et de l'interdiction de l'usure (riba), elle offre un cadre alternatif qui met l'humain et la justice au centre. Alors que les systèmes financiers conventionnels encouragent souvent la maximisation des profits au détriment du bien-être collectif, la finance islamique s'assure que chaque transaction contribue à l'équilibre social. Ce modèle, ancré dans les valeurs de solidarité et de responsabilité, répond directement aux défis du capitalisme effréné qui, dans bien des cas, aggrave les inégalités mondiales.

Perspectives futuristes : Avec la montée de la finance durable et responsable, la finance islamique est bien placée pour devenir un modèle de référence. Son accent sur l'éthique et la responsabilité sociale peut inspirer les systèmes financiers conventionnels. À l'avenir, nous pourrions voir une convergence accrue entre la finance islamique et les initiatives globales comme les Objectifs de développement durable (ODD) de l'ONU, avec une participation plus active dans le financement de projets verts et sociaux.

Alors que la planète fait face à des crises économiques, sociales et écologiques, l'attrait pour des systèmes plus éthiques est en plein essor. Avec une demande croissante de transparence, d'inclusivité et de justice dans les affaires, la finance islamique peut devenir un modèle de référence dans les discussions globales sur l'économie durable.

12. Vers une Standardisation Globale : Normes Internationales et Harmonisation en Finance Islamique

La finance islamique est régulée par divers organismes tels que l'AAOIFI (Accounting and Auditing Organization for Islamic Financial Institutions) et l'IFSB (Islamic Financial Services Board). Toutefois, l'harmonisation des pratiques est un défi majeur, car chaque pays peut avoir ses propres interprétations des règles de la charia. Les banques islamiques sont également confrontées à des problèmes de compatibilité avec les régulations financières internationales, comme les normes IFRS.

Exemples :

- **Standardisation AAOIFI :** L'AAOIFI a élaboré des normes comptables spécifiques pour la finance islamique, qui sont adoptées dans plus de 45 pays.

- **Régulation en Malaisie et dans le Golfe :** La Malaisie a adopté une approche centralisée avec un conseil de la charia national pour superviser ses banques islamiques, tandis que les pays du Golfe ont des régulations plus fragmentées.

La finance islamique, bien qu'en pleine expansion, souffre de la disparité des réglementations et de l'absence de standardisation. Cette fragmentation rend difficile l'application universelle des principes islamiques, d'autant que les interprétations peuvent varier d'une région à l'autre. Cependant, dans un monde globalisé et de plus en plus interconnecté, l'harmonisation des pratiques financières est non seulement souhaitable mais nécessaire. L'évolution de la finance islamique vers des normes mondiales faciliterait non seulement l'intégration dans le système financier global, mais aussi l'attractivité pour les investisseurs internationaux.

Perspectives futuristes : L'avenir de la finance islamique dépendra en grande partie de la capacité des régulateurs à harmoniser les normes à l'échelle mondiale. Il est probable que des efforts seront déployés pour aligner davantage la finance islamique sur les standards internationaux tout en respectant ses principes fondamentaux. L'innovation technologique pourrait également faciliter cette harmonisation, notamment via des plateformes numériques standardisées.

Avec la montée des discussions autour de la finance durable, la finance islamique pourrait jouer un rôle de leader si des efforts concertés sont faits pour unifier ses principes à l'échelle internationale. Des initiatives telles que les normes de l'AAOIFI et du Conseil des services financiers islamiques (IFSB) doivent être renforcées pour assurer une croissance fluide et standardisée.

13. Régulation et Gouvernance : Défis et Opportunités pour un Cadre Solide

Le respect de la charia et l'indépendance des conseils de la charia sont des enjeux majeurs dans la gouvernance des institutions financières islamiques. Contrairement aux banques conventionnelles, les banques islamiques doivent maintenir une conformité stricte à des principes religieux, ce qui complexifie leur fonctionnement.

Exemples :

- **Conseils de la charia indépendants :** La plupart des institutions financières islamiques doivent avoir un conseil de la charia qui supervise les produits financiers et leur conformité aux règles islamiques. Le *Dubai Islamic Bank* et la *Bank Islam Malaysia* sont des exemples d'institutions avec des conseils très respectés.

- **Problème de fragmentation :** Dans certains pays, les conseils de la charia des banques islamiques fonctionnent indépendamment les uns des autres, créant des incohérences dans l'application des principes financiers.

Les crises économiques récentes ont mis en lumière la fragilité des systèmes financiers conventionnels, souvent minés par des pratiques spéculatives et un manque de régulation. La finance islamique, avec ses règles strictes concernant l'interdiction du riba et de la spéculation excessive (gharar), offre un cadre potentiellement plus stable. Cependant, pour devenir une véritable alternative, les institutions financières islamiques doivent renforcer leur gouvernance et leur régulation, en particulier face aux pressions économiques mondiales.

Perspectives futuristes : À l'avenir, il pourrait y avoir une plus grande centralisation des conseils de la charia, avec des efforts pour uniformiser les processus de régulation. Les avancées en matière d'intelligence artificielle et de blockchain pourraient également améliorer la gouvernance des institutions islamiques en facilitant la transparence et la conformité aux règles de la charia.

Avec une régulation renforcée et une meilleure gouvernance, la finance islamique pourrait devenir un modèle de résilience face aux crises financières futures. La création de régulateurs internationaux dédiés à la finance islamique permettrait d'assurer une meilleure supervision tout en maintenant des standards élevés de transparence et de responsabilité.

14. L'Impact de la Finance Islamique sur l'Économie Verte : Catalyseur de Développement Durable

La finance islamique, par sa nature éthique, est bien adaptée à l'économie verte. L'interdiction des investissements dans des secteurs nuisibles (comme l'alcool et les jeux de hasard) et la promotion du bien commun (maslaha) sont alignées avec les principes de durabilité environnementale.

Exemples :

- **Sukuk verts :** Le *Green Sukuk* a été utilisé en Indonésie pour financer des projets d'énergie renouvelable, tels que des centrales solaires et des barrages hydroélectriques. Ce modèle est un exemple concret de la manière dont la finance islamique peut contribuer à l'économie verte.

- **Banques islamiques vertes :** Des initiatives comme le projet de *Banque Islamique Verte* en Malaisie visent à financer des projets respectueux de l'environnement tout en générant des retours conformes à la charia.

Face aux défis climatiques, le monde a besoin d'un nouveau paradigme économique qui favorise un développement respectueux de l'environnement. La finance islamique, avec son interdiction des industries néfastes et sa promotion d'investissements éthiques, offre une solution. Elle encourage les investissements dans des secteurs durables, comme l'énergie renouvelable, tout en favorisant une utilisation responsable des ressources.

Perspectives futuristes : Dans les prochaines décennies, la finance islamique pourrait jouer un rôle de plus en plus important dans le financement des projets liés à l'environnement. La montée des *sukuk* verts et des investissements durables créera des synergies entre la finance islamique et les initiatives mondiales pour lutter contre le changement climatique.

Dans un monde où la transition écologique devient une priorité, la finance islamique pourrait s'imposer comme un leader dans le financement des projets verts et durables. La convergence entre finance islamique et ESG (critères environnementaux, sociaux et de gouvernance) pourrait ouvrir de nouvelles opportunités d'investissement à travers le monde.

15. Formation et Éducation : Clés de la Croissance de la Finance Islamique

La finance islamique est encore un domaine mal compris, même dans les pays où elle est pratiquée. Les efforts pour former des professionnels qualifiés et informer le grand public sur ses principes et avantages sont cruciaux pour sa croissance.

Exemples :

- **Programmes académiques :** De nombreuses universités, comme l'Université de Durham au Royaume-Uni et l'INCEIF (International Centre for Education in Islamic Finance) en Malaisie, offrent des programmes spécialisés en finance islamique.

- **Certifications professionnelles :** Des certifications comme celles offertes par l'AAOIFI ou l'IFQ (Islamic Finance Qualification) permettent aux professionnels d'acquérir une expertise dans ce domaine.

La croissance de la finance islamique ne pourra se faire sans un effort massif d'éducation. De nombreux acteurs économiques, en particulier dans les économies émergentes, ne comprennent pas encore les subtilités de ce système financier. Il est crucial de former non seulement les professionnels du secteur, mais aussi les investisseurs et les consommateurs, afin de rendre les produits financiers islamiques plus accessibles et mieux compris.

Perspectives futuristes : À l'avenir, avec l'essor des fintechs et la mondialisation de la finance islamique, la demande pour des formations spécialisées en finance islamique augmentera. Les technologies éducatives, telles que l'e-learning et la réalité virtuelle, pourraient jouer un rôle clé dans la diffusion de ces connaissances, rendant la formation plus accessible à un public international.

Le développement de programmes académiques, de certifications professionnelles et d'initiatives éducatives en ligne pourrait révolutionner l'adoption de la finance islamique à travers le monde. Les institutions financières islamiques, en collaboration avec les universités et les régulateurs, doivent investir massivement dans l'éducation pour assurer une adoption à grande échelle.

16. Résilience Face au Covid19 : Leçons et Adaptations des Systèmes Financiers Islamiques

La crise du COVID-19 a posé des défis sans précédent pour l'économie mondiale, mais les banques islamiques ont démontré une certaine résilience grâce à leurs pratiques éthiques et leur aversion pour le risque excessif.

Exemples :

- **Réponse des banques islamiques :** Au Moyen-Orient, plusieurs banques islamiques ont mis en place des moratoires sur les paiements de dettes pour aider les clients à faire face à la crise. La *Qatar Islamic Bank* a ainsi accordé un répit à des milliers de petites entreprises.

- **Investissements éthiques :** La finance islamique, avec son modèle basé sur le partage des risques, s'est montrée plus stable face à la volatilité des marchés financiers durant la crise.

La pandémie de COVID-19 a souligné l'importance d'un système financier résilient capable de soutenir l'économie réelle dans les moments de crise. La finance islamique, avec son accent sur l'économie réelle et son rejet des spéculations excessives, s'est montrée particulièrement robuste face aux chocs économiques mondiaux. Les contrats basés sur le partage des risques, tels que la Mudarabah et la Musharakah, ont permis une meilleure répartition des pertes et une stabilité relative.

Perspectives futuristes : À l'avenir, les leçons tirées de la pandémie du Covid19 renforceront le modèle de la finance islamique, en particulier en ce qui concerne sa capacité à soutenir l'économie réelle. Les contrats de *Mudarabah* et *Musharakah*, qui partagent les profits et les pertes, pourraient devenir plus attractifs dans un monde post-pandémie, où la stabilité et la résilience sont plus que jamais recherchées.

Dans un monde post-pandémique, la finance islamique pourrait s'imposer comme un modèle de résilience. En renforçant ses mécanismes de solidarité économique et en adaptant ses produits pour répondre aux besoins des PME et des entrepreneurs, elle pourrait devenir un acteur clé dans la reprise économique mondiale.

17. Conclusion

La finance islamique émerge comme un outil incontournable pour répondre aux défis économiques contemporains, offrant des solutions éthiques et durables dans un monde souvent marqué par des crises financières et des inégalités croissantes. À travers cette exploration, nous avons mis en lumière ses principes fondamentaux, ses différences avec la finance conventionnelle, ainsi que ses applications concrètes dans divers secteurs économiques.

Les contrats islamiques, tels que le Mudarabah et le Musharakah, illustrent une approche collaborative de l'investissement qui favorise l'entrepreneuriat et l'innovation tout en partageant les risques de manière équitable. En outre, les études de cas provenant de différentes régions, y compris l'Afrique subsaharienne, montrent comment la finance islamique peut stimuler le développement économique local tout en respectant les valeurs sociétales.

L'évolution des fintechs islamiques renforce davantage cette dynamique en rendant les services financiers plus accessibles et en intégrant des modèles d'affaires innovants. Cela est particulièrement pertinent dans les marchés émergents où l'inclusion financière est cruciale pour la croissance économique.

En abordant les défis et les opportunités, il devient clair que la finance islamique ne se limite pas à une simple alternative aux systèmes financiers conventionnels. Au contraire, elle se positionne comme un levier stratégique pour le développement durable, le financement vert et l'investissement responsable, des aspects essentiels pour un avenir économique prospère.

Enfin, dans un contexte mondial de plus en plus incertain, la finance islamique offre une lueur d'espoir. Son approche axée sur l'éthique et la justice sociale en fait une solution adaptée pour construire des systèmes financiers résilients et inclusifs. En intégrant ces principes dans les politiques économiques mondiales, nous pouvons espérer non seulement surmonter les défis actuels, mais aussi bâtir un avenir où la prospérité est partagée et durable.

En somme, la finance islamique est bien plus qu'un simple système financier : elle est une réponse aux crises actuelles et un catalyseur pour une croissance mondiale inclusive et durable. C'est une voie prometteuse à explorer pour tous ceux qui aspirent à un développement économique équilibré et éthique.

18. Annexe – Glossaire des termes financiers et islamiques

Ce glossaire peut être utilisé comme un outil de référence pour les lecteurs afin de mieux comprendre les termes spécifiques liés à la finance islamique. Il peut également être complété par des exemples concrets ou des illustrations de chaque terme pour enrichir l'expérience du lecteur.

1. A

Agar : Un contrat de vente à tempérament où le vendeur finance l'achat et le coût est remboursé en plusieurs versements.

Akhlaq : Éthique ou moralité, un concept fondamental dans la finance islamique.

2. B

Bai : Terme général pour la vente. Cela inclut diverses formes de contrats de vente.

Bai' Salam : Contrat de vente où le paiement est effectué à l'avance, mais la livraison des biens se fait ultérieurement.

3. F

Fatwa : Un avis juridique donné par un érudit en charia sur une question spécifique.

Fiqh : La jurisprudence islamique, ou la compréhension des lois islamiques.

Financement participatif (Crowdfunding) : Un modèle de financement où un projet ou une entreprise est financé par de petites contributions d'un grand nombre de personnes.

4. G

Gharar : Incertitude ou ambiguïté dans un contrat, interdite en finance islamique.

Gharar Mukhafaf : Un niveau acceptable de risque ou d'incertitude dans certaines transactions.

5. I

Ijara : Contrat de location où le bailleur conserve la propriété de l'actif loué.

Ijara Wa Iqtina : Un contrat de location-vente où l'acheteur a la possibilité d'acquérir le bien à la fin du contrat.

Istisna : Contrat de fabrication ou de construction où le paiement peut être effectué en plusieurs versements, et la livraison se fait à une date future.

6. M

Mudarabah : Un partenariat d'investissement où une partie fournit le capital et l'autre gère l'investissement.

Musharakah : Un partenariat où toutes les parties contribuent au capital et partagent les profits et les pertes.

7. Q

Qard Hasan : Prêt sans intérêt, donné pour aider une personne dans le besoin.

8. R

Riba : Intérêt ou usure, strictement interdit dans la finance islamique.

9. S

Sukuk : Obligations islamiques, représentant une part dans un actif ou un projet, conforme à la charia.

Sharia : La loi islamique, qui régit tous les aspects de la vie des musulmans, y compris la finance.

Takaful : Assurance islamique, où les membres contribuent à un fonds commun pour se protéger mutuellement contre les pertes.

10. W

Wakalah : Un contrat d'agence où une partie autorise une autre à agir en son nom.

19. Annexe – Glossaire des Termes Clés

- **Finance Islamique**

Système financier conforme à la charia, qui interdit la pratique du riba (usure) et se base sur des principes éthiques tels que la justice sociale et le partage des risques.

- **Riba**

Usure ou intérêt, interdit dans la finance islamique. Il désigne toute forme de gain excessif obtenue dans les transactions financières.

- **Mudarabah**

Contrat de partenariat dans lequel une partie (le financier) fournit le capital et l'autre (l'entrepreneur) fournit le travail. Les bénéfices sont partagés selon un accord préétabli, tandis que les pertes sont supportées uniquement par le financier.

- **Musharakah**

Partenariat d'investissement où toutes les parties contribuent au capital et partagent les bénéfices et les pertes en fonction de leur investissement

- **Takaful**

Assurance islamique basée sur le principe de solidarité et d'entraide, où les participants contribuent à un fonds commun pour se protéger contre les pertes.

- **Zakat**

Obligation de charité dans l'islam, représentant un pourcentage du patrimoine d'un individu, destiné à aider les personnes dans le besoin et à soutenir des causes sociales

- **Sukuk**

Instruments financiers islamiques, souvent considérés comme des obligations, qui représentent une part de propriété dans un actif ou un projet spécifique, générant un rendement conforme à la charia.

- **Shariah**

Ensemble des lois islamiques qui régissent les comportements des musulmans, y compris les règles économiques et financières.

- **Mudharabah mutaqa'id**

Un type de Mudarabah où les dépôts des clients dans une institution financière sont utilisés pour des investissements, et les bénéfices générés sont partagés avec les déposants.

- **Islamic Microfinance**

Services financiers fournis à des populations à faible revenu, conformément aux principes islamiques, souvent sous forme de petits prêts sans intérêt.

- **Économie Sociale et Solidaire**

Approche économique qui met l'accent sur l'impact social et environnemental des activités économiques, en écho aux valeurs de justice et d'équité présentes dans la finance islamique.

- **Risques partagés**

Concept central dans la finance islamique où les parties d'une transaction partagent les risques financiers, favorisant des relations commerciales plus équitables.

- **Akhlaq**

Ensemble des principes éthiques et moraux qui régissent le comportement des individus, en particulier dans les transactions commerciales.

- **Fiqh**

L'étude et l'interprétation des lois islamiques, notamment en matière de finance et de transactions commerciales.

- **Gharar**

L'incertitude ou l'ambiguïté dans les contrats, qui est prohibée dans la finance islamique car elle peut mener à des transactions injustes.

- **Halal**

  Ce qui est permis ou légal selon les lois islamiques, en particulier dans le contexte de la consommation et des transactions financières.

- **Haram**

  Ce qui est interdit par les lois islamiques, y compris l'intérêt (riba) et certains types de jeux d'argent.

- **Islamic Banking**

  Système bancaire qui fonctionne selon les principes de la finance islamique, évitant l'intérêt et favorisant les investissements conformes à la charia.

- **Fintech Islamique**

  Utilisation de la technologie pour fournir des services financiers conformes à la charia, facilitant l'accès à la finance islamique pour un plus large public.

20. Annexe – Ressources et lectures complémentaires

1. Livres

- Financial Stability and Islamic Finance par Zamir Iqbal et Abbas Mirakhor.
- Islamic Finance: Law and Practice par Mahmoud A. El-Gamal.

2. Articles Académiques

- Iqbal, Z., & Mirakhor, A. (2011). "Financial Stability and Islamic Finance." Journal of Financial Stability.
- Usmani, M. T. (2002). "Islamic Finance: Principles and Practice." Journal of Islamic Banking and Finance.
- Al-Ghamdi, A. (2020). "The Role of Fintech in Islamic Finance." International Journal of Islamic Finance.

3. Rapports

- Global Islamic Finance Report (GIFR) (2022). "Islamic Finance Industry Trends and Developments."
- World Bank Report (2021). "Islamic Finance: A Global Perspective."

4. Conférences et Études de Cas

- Proceedings of the International Conference on Islamic Finance and Economics.

- 9e Conférence Internationale sur la Finance Islamique en Turquie (ICIF) : tenue en décembre 2023 à Istanbul, sur des sujets tels que l'audit shariah, la technologie financière islamique et les innovations en finance islamique.

- 11e Conférence Internationale sur la Banque Islamique, la Comptabilité et la Finance (IBAF) : un événement prévu pour novembre 2024, organisé par l'Université Sains Islam Malaysia (USIM), portant sur l'intégration de l'intelligence artificielle dans la banque et la finance islamique.

5. Sites Web

- **Islamic Financial Services Board (IFSB)** - www.ifsb.org
  Une organisation qui promeut des normes et des lignes directrices pour le secteur de la finance islamique.
- **Accounting and Auditing Organization for Islamic Financial Institutions (AAOIFI)** - www.aaoifi.com
  Cette organisation développe des normes comptables et d'audit spécifiquement pour les institutions financières islamiques.

21. Bibliographie – Références académiques et Études de Cas

Sourates du Coran

1. Al-Baqarah (2:188).
2. Al-Anfal (8:27).
3. Al-Baqarah (2:275).

Livres

1. Ahmed, Habib. *Islamic Finance: Theoretical and Practical Perspectives*. 2010. Page 48.
2. Al-Ghamdi, Mohammed. *Fintech and Islamic Finance: The Future of Financial Services*. 2020. Page 112.
3. El-Gamal, Mahmoud. *Islamic Finance*. 2006. Page 40.
4. Gueranger, François. *Finance Islamique : Une Illustration De La Finance Éthique*. 2009. Page 72.
5. Iqbal, Muhammad. *Islamic Banking: A Modern Approach*. 2001. Page 112.
6. Iqbal, Zamir et Mirakhor, Abbas. *An Introduction to Islamic Finance: Theory and Practice*. John Wiley & Sons, 2011.
7. Iqbal, Zamir et Mirakhor, Abbas. *The Role of Islamic Finance in Economic Development*. *Islamic Economic Studies*, vol. 21, no. 2, 2013, pp. 15-29.
8. Mzid, Wadi. *La finance islamique : principes fondamentaux et apports potentiels dans le financement de la croissance et du développement*. 2011. Page 56.
9. Siddiqi, Muhammad S. H. K. *Islamic Finance: Principles and Practice*. 2012. Page 219.

10. Usmani, Muhammad Taqi. *An Introduction to Islamic Finance*. Kluwer Law International, 2002.
11. Usmani, Muhammad Taqi. *Islamic Finance: Principles and Practice*. 2002. Page 76.
12. Usmani, Muhammad Taqi. *Islamic Finance: Principles and Practice*. 2011. Page 45.
13. Visser, Hans. *Islamic Finance : Principles and Practice*. 2009, Page 10.
14. Warde, Ibrahim. *Islamic Finance in the Global Economy*. 2010. Page 54.

Articles Académiques

1. Khan, M. Fahim. "Islamic Finance: An Overview." *Journal of Islamic Finance*, vol. 1, no. 1, 2012, pp. 1-10.
2. Ahmed, Habib. "Islamic Finance: The Challenge of the 21st Century." *Journal of Islamic Economics, Banking and Finance*, vol. 6, no. 1, 2010, pp. 1-20.
3. Khan Shahrukh Rafi. "An Economic Analysis of a PLS Model for the Financial Sector." *Pakistan Journal of Applied Economics*, vol. 3, no. 2, 1984, pp. 89-105.

Rapports et Études de Marché

1. Ernst & Young. *World Islamic Banking Competitiveness Report*, 2020, Page 38.
2. Cambridge IFA. *Global Islamic Finance Report*, 2021, Page 60.
3. Cambridge IFA. *Islamic Fintech Report*, 2021, Page 15.
4. Islamic Development Bank. *Sukuk for Sustainable Development*, 2021, Page 24.

Études de Cas

1. Hassan, Mohamad et Lewis, Mark K. "Islamic Banking: The New Norm." *Banking and Finance Review*, vol. 2, no. 1, 2017, pp. 55-72.
2. Obaidullah, Muhammad. "Islamic Microfinance: A Better Solution for Poverty Alleviation?" *Journal of Islamic Economics, Banking and Finance*, vol. 6, no. 1, 2010, pp. 21-36.

Interviews

1. Ahmad Al-Ghamdi, Interview réalisé le 7 mars 2022 à Dubaï, Émirats Arabes Unis, lors du Sommet mondial des FinTech islamiques.
2. Muhammad Imran Ashraf Usmani, Interview réalisé le 25 janvier 2022 à Karachi, Pakistan, lors de la conférence sur la finance islamique organisée par Dar Al Sharia.
3. Aisha Yousuf, Interview réalisé le 22 avril 2019 à Kuala Lumpur, Malaisie, lors du Congrès international de la finance islamique.
4. Abbas Mirakhor, Interview réalisé le 10 juin 2022 à Washington, D.C., États-Unis, lors d'un symposium organisé par l'Islamic Development Bank (IDB).
5. Mohammad Usman, Interview réalisé le 18 août 2017 à Lagos, Nigéria, lors du Forum africain de la finance islamique.
6. Mohamad A. El-Gamal, Interview réalisé le 29 septembre 2021 à Houston, Texas, États-Unis, après une conférence à l'Université de Rice sur l'économie islamique.

Ressources en Ligne

1. Islamic Finance News (IFN). *Islamic Finance News Portal*. Disponible à *www.islamicfinancenews.com.*
2. AAOIFI. *Accounting and Auditing Organization for Islamic Financial Institutions*. Disponible à *www.aaoifi.com.*

Sommaire

Structures éditoriales du groupe L'Harmattan

L'Harmattan Italie
Via degli Artisti, 15
10124 Torino
harmattan.italia@gmail.com

L'Harmattan Hongrie
Kossuth l. u. 14-16.
1053 Budapest
harmattan@harmattan.hu

L'Harmattan Sénégal
10 VDN SICAP AMITIE 3
BP 45034 Dakar-Fann
direction@senharmattan.com

L'Harmattan Cameroun
Tsinga/Derrière polyclinique FECAFOOT
BP 11486 Yaoundé
Jacques.koukam@harmattan.fr

L'Harmattan Burkina Faso
Villa 281, secteur 23 623, rue 14.32
Ouagadougou
zagbie@outlook.fr

L'Harmattan Guinée
Almamya, rue KA 028 OKB Agency
BP 3470 Conakry
harmattanguinee@yahoo.fr

L'Harmattan RDC
185, avenue Nyangwe
Commune de Lingwala - Kinshasa
matangilamusadila@yahoo.fr

L'Harmattan Congo
219, avenue Nelson Mandela
BP 2874 Brazzaville
deunovmikhael@gmail.com

L'Harmattan Mali
Immeuble Mgr Jean Marie Cissé
Aci Hamadallaye
BP 145 Bamako
syllaka@yahoo.fr

L'Harmattan Togo
Djidjole - Maison Amela
face EPP BATOME
02 BP 20680 Lomé
didieramela11@gmail.com

L'Harmattan Côte d'Ivoire
Résidence Karl - Cité des Arts
Abidjan-Cocody
03 BP 1588 Abidjan
harmattan.ivoire@gmail.com

L'Harmattan Bénin
Rue 604, (Immeuble à l'entrée
de la rue UCAO- Cite de Saint-Jean)
Cotonou
stepcorpus@gmail.com

Nos librairies en France

Librairie internationale
16, rue des Écoles
75005 Paris
librairie.internationale@harmattan.fr
01 40 46 79 11
www.librairieharmattan.com

Librairie des savoirs
21, rue des Écoles
75005 Paris
librairie.sh@harmattan.fr
01 46 34 13 71
www.librairieharmattansh.com

www.ingramcontent.com/pod-product-compliance
Lightning Source LLC
LaVergne TN
LVHW051352061026
849535LV00009B/3144